フランソワ-ポール・ブラン著

イスラーム家族法入門

小林　公・宮澤愛子・松﨑和子共訳

木鐸社刊

はしがき

或る出来事の真の重大さと人間の歴史におけるその影響は、その出来事の同時代人によってしばしば見落とされることがある。この観点から見ると、六三二年頃に展開された様々な事実は恰好な事例といえる。すなわち、重要なものとしてしかるべく記録されている事実でも、後から見れば歴史上些細な影響しか及ぼさなかった事実もあるだろうし、逆に当時は見過ごされていたがその後人類の将来に大きな刻印を残すものもあるだろう。

六三二年にはダゴベルト王が一年前に再統合されたフランク王国の全体を支配していた。第七〇代ローマ教皇ホノーリウス一世はキリスト教世界を既に七年にわたり統治していた。キリスト教世界の統一を配慮して、教皇は異端的な教説であるキリスト単意説を公言することを憚らなかった。二〇年以上の間「全世界の帝国」を統治していたビザンツ帝国皇帝ヘーラクレイオスは既にこの単意説を支持していた。六三二年の四年前、ヘーラクレイオスはメソポタミアにおいてササン朝ペルシャを粉砕して小アジアの外部へ押し返し、聖十字架の返還をペルシャに強制した。皇帝はその十字架を六三〇年にエルサレムに意気揚々と持ち込むことになる。ヘーラクレイオスはユスティニアーヌス一世の第五継承者であり、この時「ローマ法大全」が編纂されてから一〇〇年も経っていなかった。以上の出来事はそれらを証言する人々によって当時は大きな出来事として感じ取られていたが、今日では忘れ去られている。

六三二年、それはまたイスラーム教の創始者である預言者ムハンマドが死去した年でもある。ムハンマドは普遍的な妥当性を主張する新しい「法大全」、すなわちイスラーム教徒の法の基礎を築いた後、同年六月八日メディナで静かに息を引き取った。この時イスラームは紀元後まだ一〇年しか経っておらず、ヒジャーズ地方の幾つかの部族によってアラビアの西部で当時実践されていた新しい教義が更に発展していくことなど、誰も予想していなかった。それから一世紀後の七三二年には、ダゴベルトの子孫たちがなおも統治するフランク王国において、ポワティエの戦いがイスラームの驚異的な拡大を食い止め西の境界を画することになる。

ムスリム（*muslim*）という言葉は、ムハンマドにクルアーン（*Qur'ān*）を啓示することによって人間の宗教を完成させた神への服従を意味するイスラーム（*islām*）という言葉に由来する。イスラーム世界はこの神の啓示に基づく宗教を受け入れた人々の集合体である。イスラーム法はイスラーム教を自らの宗教とする国々においてイスラーム教徒を規律する法である。イスラーム法の適用は国際私法の規則の適用を通して非イスラーム国にも及んでいる。今日イスラーム世界は人類の大きな部分を占めており、二〇〇六年にはその信徒数は一三億人と見積もられている。イスラーム教徒は強固に組織化された非常に強い集団として至るところに存在し、幾つかの国では人口の大多数を構成している。イスラーム教徒は西洋の全ての民主主義国において重要な少数派となっており、フランスの場合にはカトリック教徒に次いで昔から最も多く、約四〇〇万人のイスラーム教徒が信仰集団を形成している。

イスラーム教徒にとって、神の啓示以前のアラビアの宗教の歴史は無知と無明の時代、すなわちジャーヒリーヤ（*djāhilīya*）の時代であった。聖都メッカでは住民や巡礼者たちが黒石の神殿（カーバ、立方体を意味する）で偶像崇拝を行っていた。六一〇年にこの礼拝に反対して立ち上がったのがクライシュ族の人、ムハンマドであった。ムハンマドは当時四〇歳だった。古い隊商に属する一商人であったムハンマドは、十分に裕福であったので、自ら布教の義務を感じた宗教の宣教活動に自由に身を捧げることができたが、やがてムハンマドの教えを自分たちの物質的、精神的な利益に対する脅威と感じたメッカの人々の猛烈な反撃に遭い、急遽メッカから逃亡せざるをえなかった。これがヒジュラ（*hidjra*）—六二二年七月一五日、イスラーム暦の第一日—であり、ムハンマドはメッカの隣町ヤスリブに避難し、そこで住民たちを味方にした。ムハンマドに従って逃亡した一五〇名の教友（アスハーブ *aṣḥāb* ないしサハーバ *ṣaḥāba*）を寛容に迎え入れてくれたこの住民たちが援助者（アンサール *anṣār*）となり、ヤスリブの町はやがて名前を変えてマディーナトゥン・ナビー（*madīnat al-nabī*）（メディナ）、預言者の町となった。ムハンマドはこの時から国の長となり、相次ぐ神の啓示によってイスラーム共同体（ウンマ *Umma*）の組織化に取りかかった。これら神の啓示を集めたものがやがてクルアーン—「霊感を受けた預言者、すなわち神の受託物を伝達する任務を帯びた一使者によって記憶に留められ口述された超自然的なもの」（L.Massignon）—となった。一〇年間の戦いの後、ムハンマドはメディナの全住民とヒジャーズ地方の全遊牧民族を改宗させ、ついにはメッカの人たちの敵対心を打ち砕くに至った。その後、ムハンマドは勝利者としてメッカに帰還したが、間もなく六三二年六月八日に亡くなった。

　イスラーム教徒にとって、立法者となったムハンマドが他の全ての真理を包み込む唯一の真理を伝えながら人間社会の宗教的運命の神秘を人々に啓示したのは、メディナにおいてであった。その法（シャリーア *sharī'a*）は、神の言葉（クルアーン）と預言者の範例（スンナ *Sunna*）によって教示され、神政政治に服する民の義務の総体を信徒に課すものである。実際にシャリーアは信徒の宗教的、政治的、社会的生活を規制し、身分法を課し、刑法、公法、国際法を制定し、契約法の諸原理を定めている。その包括的な観念の自然な帰結は、霊的なものと世俗的なものとの混合である。

イスラーム法は神の啓示の上に打ち立てられているが、だからといって統一されているわけではない。預言者の亡き後、分派同士の闘争が生じることになり、教義上の不和が増加した。昔はローマに属していた地域にイスラーム教が急速に広がったことは、新しい宗教にとっては弱体化という大きな危険にさらされることを意味した。教会も公会議も持たないイスラームの教義は広大な帝国に拡散してしまう恐れがあった。正統派イスラーム教の集団が四法学派(マザーヒブ ***madhāhib***)に分けられたことは、この危険に対処するためであった。全てのイスラーム教徒は少なくとも一つの法学派に従わなければならなかったが、一つの学派から別の学派へと自由に移ることができた。このように四法学派に分けられた正統派の教義は、そのまま多様な統一体として存続した。この改革の功績は、アブー・ハニーファ(七六七年没)、マーリク・イブン・アナス(七九五年没)、ムハンマド・イブン・イドリース・アッ・シャーフィイー(八二〇年没)、そしてアフマド・イブン・ハンバル(八五五年没)の四人の法学者たちにあることをイスラーム教は認めている。これら四人の法学者は、ハナフィー派、マーリキー派、シャーフィイー派そしてハンバリー派とそれぞれ自分自身の名前をつけた四法学派の創始者であった。ハナフィー派はトルコ人たちにより採り入れられ、中央アジア地域やパキスタンでは今も優勢である。また、その痕跡はトルコの支配下にあった国々、例えばチュニジア、アルジェリア、ボスニアにも残っている。シャーフィイー派はアッバース朝カリフの下での公式な学派であった。今日、ペルシャ湾(アラビア湾)、南部アラビア、エジプト低地地方、東アフリカ、そしてインド沿岸地帯で実践され、そしてインドネシアでは主流を占めている。マーリキー派はマグレブの国々、リビア、チュニジア、アルジェリア、モロッコ、モーリタニアが準拠する学派であり、それはまた西アフリカと中央アフリカのイスラーム教徒の大多数が準拠する学派でもある。ハンバリー派を実践するところは最も少ない。この学派の信徒はペルシャ湾（アラビア湾）沿岸に分散しており、いわばサウジアラビアの公式の学派といってよい。というのも、ハンバリー派は一般にワッハーブ派と同一視されているからである。これら四法学派は、預言者のスンナの内容について意見を同じくしている限りにおいて、イスラームの正統派であるスンニー派を構成している。スンナは預言者の言行から採られた範例であり、神の啓示の注釈とみなされている。スンニー派において、クルアーンに基づく統一ということの意味は、主要な問題に関しては基本的な一致が必要であるが二次的な相違は黙認されるということである。

ムハンマドの死後直ちに始まった異端派の離脱については事情が異なっていた。常に潜在していた離脱がウンマの中で分裂を引起こした。この点に関し、預言者の娘婿であり、預言者の唯一残された孫たちの父であるアリーのカリフ在位（六五六‐六六一年）が分岐となった。義父が没すると直ちにアリーは、共同体を指導するムハンマドの権限の継承（*khilāfa*）に対し特別な資格が自分にあることを強く主張したが、アリーは全く支持されず、三度行われた選挙のたびごとに信徒たちの選択は別の候補者へと向かった。つまりアブー・バクル、ウマル、ウスマーンである。カリフはクライシュ族に属する者に留保されるという暗黙の同意がこの時確立されたようである。アリー自身が第四代カリフとして指名されることになったのは、この資格においてであった。この同意が、最初の離脱すなわちハワーリジュ派の離脱を引き起こした。ハワーリジュ派にとって最高権力は、或る家族あるいは或る一族の排他的な所有となることはありえない。ハワーリジュ派の人々すなわち離脱者たちによれば、ムハンマドの後継者は最も相応しい人々の中から信徒による投票のみによって指名されるべきである。この分派の信奉者たちは北アフリカの歴史において重要な役割を果した。七世紀にベルベル人が反乱を起こし、やがてマグレブ全土はハワーリジュ派になった。マグレブがマーリキー派を受け入れることになるのは後のことである。今日ハワーリジュ派はオマーン国、ザンジバル、エジプトのシワオアシス、リビアのネフーサ山地、チュニジアのジェルバ島、南アルジェリアのムザーブ地方に見られる。ハワーリジュ派の人々は法の面ではスンニー派の人々と些細な点を除いて異ならず、隠れイマームを信じている点ではシーア派の人々と同じである。

シーア(分離)はアリーのカリフ支配を支持する人々を結集させた。分裂のもともとの原因は、ウンマの指導者(イマーム)の地位は選挙によって決めることはできないという原則にあった。三人の最初のカリフは簒奪者である。というのも、シーア派にとって権力は直接ムハンマドの意思によって、アリーと預言者の娘ファーティマの後裔である「ムハンマド家の人々(*ahl al-bait*)」に留保されるはずであったからである。アリーとファーティマの最後の子孫は子を残さずに亡くなったが、シーア派の人々はその死を信じることを拒んだ。これが、神秘的に姿を消し隠れてしまったがいつかは再来するというイマームのお隠れ(*ghaiba*)の教説である。シーア派とスンニー派との境界線はこの教義によって画されている。法の面では、異端のシーア派が正統派と区別される相違点は、スンニー派の四法学派を分けている微妙な違い以上のものではない。このような訳で、人々はイラン・イスラーム共和国の国教となるジャーファリー法学派(シーア派)を第五番目の学派として認めようと考えた。

領土主権の多様性から生じる政治的対立にもかかわらず、イスラーム法は今日一つの「法大全」としての外観を呈しており、その一般的原理は、五〇以上のイスラームの国々が構成するウンマ全体によって認められている。スンニー派の間には根本的な相違は存在せず、ただ学派ごとに法的な特殊性が生じている。シーア派とスンニー派の間に特に認められる相違は、シーア派がアリーの子孫に特別な地位を与えていることによる政体上の相違である。しかし、現代イスラーム世界の支配的特徴はシャリーアの適用における相違である。或る人々は、今のところ少数派ではあるが法の厳格な適用を志向し、あるいは少なくとも、西洋による植民地化の影響によって堕落した国家の法の再イスラーム化を熱望している。他の人々は神から与えられたクルアーンだけを保持することを主張している。これに反してイスラーム家族法に関しては、譲歩せずにそのまま適用するという点で全ての人々の意見が一致している。実際、イスラーム家族法は改革に抵抗した唯一の法領域であり、至る所で適用されている。西洋人の眼には、ただ家族法のみがイスラーム法であるように思われ、イスラーム家族法の明白な広がりは非イスラームの地においても非常に顕著なものとなっている。

イスラーム以前の家族組織は家父長制の観念に基づいていた。預言者はこの家父長制を弱めようと努めながらも存続させていた。イスラームの家族はなによりも先ず男系親族である。イスラームの家族の中では、ごく少数の女性たち（妻、未婚の娘）だけが一定の地位を有しているにすぎず、また同母異父の親族は例外的に相続権を与えられるにすぎない。この家父長制の観念はイスラームの学者たちによって理論化されることになり（序章　法源）、この観念は婚姻（第一章）、婚姻の解消（第二章）、親子関係（第三章）、未成年者の後見（第四章）、そして相続（第五章）の中に表われている。

目次

イスラーム家族法入門

序章　イスラーム法の法源

民主主義思想においては、様々な投票方法を通じて表現される多数派の意思が法を作ることができるが、そのような思想がイスラーム世界に浸透したことは一度もなかった。イスラーム世界では、法は権力の意思であり、その意思は神の意思を反映あるいは具現化していることから法は尊重されなければならない。従って、イスラームにおける法秩序は神の啓示であるクルアーンとムハンマドの範例に基礎を置いている。ムハンマドの範例は神の啓示の注釈を成す伝承すなわちハディース（*ḥadīth*）によって示されており、ムハンマドの範例全体がスンナ（正しい道）である。スンナとクルアーンの規定の集合が「生命に至る道」を意味するシャル（*sharʻ*）あるいはシャリーアといわれる法を構成する（第一節　聖なる法源）。しかし、この最初の二つの法源が不十分か矛盾していることが判明したとき、神の啓示とその注釈を基盤とした立法による法の創造が必要となり、その後シャリーアから派生する二つの法源が現れる。すなわち、共同体の合意であるイジュマー（*idjmā'*）と類推に基づく推論であるキヤース（*qiyās*）である（第二節　シャリーアの派生的法源）。十世紀以後、立法による法の創造は衰退し、シャルの間隙に法規範の新しい法源である慣習と判例を出現させることになった（第三節　自生的法源）。中央権力がかなり早期に確立され維持されてきたイスラーム諸国では、新たな必要性に応えるために主権者の政令あるいは命令にあたるカーヌーン（*qānūn*）といわれる法令が出現し、このカーヌーンはイスラーム国家における近代的立法技術の表現である法律の到来を予告するものであった（第四節　カーヌーン）。

第一節　聖なる法源

クルアーン（本来は読誦を意味する）は、天使ガブリエルを介し折々に下された神の啓示として預言者に伝達されたアッラーの言葉であるが、それはイスラームの母なる源であり、根源的な形態におけるイスラームの法である。イスラーム教のこの本源的な基礎の上に、神に対する義務と人に対する義務の教説が打ち立てられることになる。イスラーム法は、モーゼの法と同様、宗教と道徳と法が結合したものである。イスラームにおいては宗教の誕生および形成と法の発展の間には緊密な関係があり、両者を分けることはできない（一）。しかしながら、クルアーンだけではイスラームを理解するのに十分ではなかった。ムハンマドの死の翌日から共同体内部の生活を規律しなければならず、更にその後、遠国に定住したイスラーム教徒たちに、征服したイスラーム教徒と征服された人々との間の関係をアラビアではそれまで知られていなかった法的関係に従って秩序づけるための指針を与えることが必要になる。最初の指導者たちは宗教に基づく統治体制を打ち立てることを望んで預言者に助けを求め、その言行に表現されている預言者の意思を探求しようとした。このようにして、クルアーンと並んで第二の法源が現れ、これは成文法の発展の第一段階であった。この法源はもはや神の啓示によるものではないが、それでも神による霊感から生まれた聖なる法源である（二）。

一　クルアーン

この聖なる書（*kitāb*）は一一四のスーラ（章）で構成され、これらのスーラ自体は更に六二一九の節（*ayāt*　奇跡のしるしを意味する）に分けられており、それらは一つあるいは複数の完全なる思想内容を表す語句または語句の総体である。クルアーンに論理的ないし歴史的な秩序に由来するテーマごとの纏まりを求めても無益である。スーラはきわめて短い開扉（*fātiḥa*）のスーラで始まり、そのあとは長い順に配列されている。それぞれの章の中では諸節が何の脈絡もなく続いている。これは神の言葉を文字どおり保持するための特別な配慮であった。それぞれの啓示を受けた後に預言者は、自分が記憶にとどめておいたテキストを教友たちの記憶に託し、あるいは口述したものを書きとどめさせた。預言者の死後、アブー・バクルはテキストの語句の相違に終止符を打つために再検討を命じ、クルアーンの「記憶者たち」の死後に取り返しがつかなくなる記録の喪失を防ぐためにその校訂を命じた。クルアーンを「最もよく知っていた」人々がその仕事に着手し、テキストを一つの書き物（*muṣḥaf*）に纏め、それは二代目カリフのウマルの手元にとどめられることになる。その後、ウマルの娘で預言者の未亡人ハフサが夫の墓の上にそれを捧げたといわれている。テキストの最終的決定は、ヒジュラ暦三五年と七五年の間に三代目カリフのウスマーンとアル・ハッジャージュの手によってなされた。それぞれの節は命令（*amr*）または禁止（*nahy*）による厳命（*taklīf*）を含む陳述（*khiṭāb*）となっている。このようにクルアーンのそれぞれの節からは個々の法規則である判決類似の判断（*hukm*）が生まれた。イスラームの法は原理の形で生まれたのではなく、難題を解決し訴訟を終わらせるために折にふれ適宜下された個々別々の判断の形で生まれた。明文（*naṣṣ*）は信者に絶対的服従を義務付け、これを否認する者は不信心者（*kāfir*）であり、これに服従しない者は道を誤った者（*fāsiq*）である。全体としてクルアーンという聖なる書はアッラー自身によって完全な作品とみなされた。『今日、ここにわしは汝らのために宗教を建立し終わった。わしは汝らの上にわが恩寵をそそぎ尽くし、かつ汝らのために宗教としてイスラームを認承した』（クルアーン五章三節）。『聖典の中で我ら（アッラー）が言い残したものは一つもない』（クルアーン六章三八節）。『汝にこの啓典を授け、あらゆることがらの解き明かし…となした』（クルアーン一六章八九節）。それはイウジャーズ（*i'djāz*）の奇蹟、すなわちこれほどの雄弁なスーラ一つを作り出すことさえ何人にとっても不可能なことを示す奇蹟である（クルアーン二章二三節、一〇章三六節、一七章八八節参照）。宗教的社会的生活を律する法典であるクルアーンは、黙示的または明示的にあらゆることを予測し、あらゆることを規制した。クルアーンは、新しい状況が生じようと新しい必要性が生まれようと、そこに書かれている諸原理を用いて常にそれらに対して備えていなければならないであろうし、また備えることができるであろう。しかし、その原理自体は不変である。それ故、原理に加えられる全ての変更は非難すべき改革（ビドア *bid'a*）すなわち異端となるであろう。しかし実際には、クルアーンはイスラームの法的構成にとって非常に限られた基礎しか提供しておらず、固有の意味での法に属しているのはせいぜい六〇〇の節である。更に法の領域には婚姻および相続財産の帰属と共に、個人と社会の関係を規律する聖戦、喜捨、税のような事項も含ませなければならない。従って、注釈（タフスィール *tafsīr*）の助けなくしてはクルアーンの真の読解はありえない。

二　スンナ

スンナは預言者の優れた範例である（クルアーン三三章二一節）。言葉（*taqrīr*）、行動（*fi'l*）、沈黙（*sukūt*）によって示された神の使徒の言行は、従うべき道を信者のために示している。聖なる書の中で言い残されているものは何もなかった（クルアーン六章三八節）が、ムハンマドは度々介入することを余儀なくされた。ムハンマドの仕事は神から霊感を受け、そして神から無謬性（*'iṣma*）の特権を与えられ成し遂げられたと考えられるようになる。従って、スンナは神の啓示から発するものではないがクルアーンと同じ法的価値を有しており、それに従うことは信徒にとっては義務である。それ故、正統派イスラーム教徒は自らを「スンナの民、スンナに従う民」とよんでいる。

日々の困難な問題を解決しようにも預言者がもはや存在しておらず、アラビアの小族長社会のために預言者によって確立された組織体を存続させ、その組織体をイスラーム内部の生活の変化と征服した諸国の法律に適応させねばならなくなったとき、人は師である預言者ムハンマドの思想の解釈をできる限り押し進めながら師の範例の中に必要な解決を求めた。預言者の生涯の証人である教友たちは、教友ほど卓越した完璧さを帯びてはいない後続者たちと共に、預言者の言行を語る最上の資格を有していた。

この最初の世代はムハンマドの死後イスラームの黄金時代といわれる約四〇年間を生きた世代であり、ムハンマドの行動を注意深く見ていたと考えられている。その後、後続者たちを熱心に信奉する者たちは、この種の事実について知りえたこと、あるいは知っていると信じていたことを全て採集し、それらを入念に記録し、そして伝えることに専念した。当初、「真正な」と形容されたスンナは、預言者の監視の下で預言者の明示あるいは黙示の同意の上で行われていた慣習であり、信奉者によって注意深く書きとどめられたものであるように思われる。このようにして纏められた膨大な覚書きがクルアーンを明確にし、解釈し、補完することになる。ヒジュラ暦一世紀からスンナはハディースという形式をとるようになった。それはムハンマドに帰せられる行為や判断を伝える物語であり、かつ証拠（*hudjdja*）となる文献でもあった。ハディースの編集は二つの部分から成っている。第一の部分は、その物語の伝達（*riwāya*）が人から人へと連続して行われていることの証拠となる権威ある人々の鎖（*silsilat*）であり、最後の伝達者（*rāwi*）に始まり、最初に教友の一人からその物語を受けた伝達者へと遡る鎖である。この鎖がハディースの真実性を保証するイスナード（*isnād*）である。「だれ某が我々に以下のように語った、それはだれ某から入手しただれ某にならって語られたもので、その人はまたそれをだれ某から受け取っており、…」（この後に第二の部分であるマトン（*matn*）といわれる本来の意味での物語のテキストが始まる）。この決まり文句の中に驚異的な運命を辿ることになる新たな法的手段が現れた。預言者の言行の目と耳による証人である教友が預言者の意思を表すものとして伝承を残しており、実際その教友につながる伝承によって正当化されうる全ての行動様式や思考様式が正しいものとみなされることで、スンナは根本的法源であるクルアーンの不完全な文言により残された空隙を補完する最善の方法となる。預言者の言行を認証する必要性からハディース学が生まれ、その学問は諸伝承の真実性を確認し（A）、それらを格付けし（B）、そして分類する（C）。

A　イスナードとマトンの真実性

新しい学問の重要な部分は伝達の鎖の批判である。イスナードは最も細密な検討の対象になるが、マトンはそれに比べるとほとんど検討の対象にはならなかった。

イスナードの批判

検討の結果、考慮（*i'tibār*）されることになったのは鎖の輪となる人々の人格的価値である。伝達者が与える情報は証言とみなされ、伝達者の証人としての能力に関しても、ハディースのテキストの受領および聞き取りや書き取りによるその確定に関しても、同じルールに服することになる。従って、イスナードの質は信望（*'adl*）によって定まる。かくして主要な伝達者は「強い権威と弱い権威」に分類されるようになる。伝達が規則正しく連続していること、すなわち、最初の伝達者たちのうち別の人も同じハディースを報告していたこと、あるいは第二の伝承が異なるテキストの形式をとっていても第一の伝承のテキストを裏付けていることは、連鎖の伝達全体に根本的な本質的価値を付与することになる。ハディースの疾患の診断や摘発（*ta'alīl*）はハディースの質を低下させるが、この疾患は大抵の場合イスナードの中に存在する。

マトンの批判

しかし欠陥はまたマトンのテキストに由来することもある。例えば、ハディースは、最初の伝達者が他の大多数の伝達者と矛盾しているという意味で異常な場合がある。最悪の欠陥は、物語の全体が捏造されており、これが正しいイスナードの後に置かれている場合である。この場合には偽りのハディースとなる。最後に、伝承が矛盾している場合がある。この場合は矛盾する伝承のうち一つを優先させる根拠を検討しながら、これを矛盾のないものにする必要がある。

B　ハディースの格付け

ハディースはこれらの欠陥を免れているかまたは欠陥に侵されているかに応じて、完全な（サヒーフ *ṣaḥīḥ*）、良好な（ハサン *ḥasan*）、あるいは弱い（ダイーフ *ḍaʿīf*）ハディースとなる。

サヒーフ

「完全な」ハディースは、先ず万人の間で高く評価されている二人の著者、アル・ブハーリー（八七〇年没）とムスリム（八七五年没）が収集したものである。二人がそれぞれ著したハディース集は、疑わしいテキストがきわめて厳格にそこから除去されたので、「真正なるもの（*al-Ṣaḥīḥīn*）」とよばれている。例えば、アル・ブハーリーは彼が知りえた三〇万以上の伝承のうち八千しか採用しなかった。しかし、だからといって完全なハディースはこれに尽きるわけではない。何故なら完全さにも様々な程度があるからである。このような観点から伝承は次のように区分される。（a）上記の二人の著者によって伝えられている伝承、（b）二人の著者のどちらか一人によって伝えられている伝承、（c）二人のどちらも認めていないが、二人が共に要求する条件を満たしている伝承、（d）二人のうち唯一人が要求する条件を満たしている伝承、（e）最後に、他の著者たちの意見により完全とみなされる伝承。これら五つの範疇の伝承が完全であることは議論の余地がない。しかし、大部分の著者たちにとってハディースは、ムタワーティル（*mutawātir*）でない限り、すなわち、人々の意見の一致が共謀して嘘をついたことの結果とは言えないほど十分に多くの人々によってそれが繰り返されたものでない限り、証言としての性格上、それ自体では依然として議論の余地のある一つの意見でしかない。

ハサン

「良好な」ハディースは有名な伝達者によって伝えられ、出所の知られたハディースである。理論上それらを完全なハディースから区別することは難しい。この問題は実際にはハサンとされたテキストがハディース集の中に集録され、全ての法学者によって適用されたという事実によって解決されている。ティルミズィー（八九二年没）の『スナン』は良好なハディースの分野における基本書であり、アブー・ダーウード（八八八年没）のハディース集はこの種のハディースを更に多く含んでいる。そしてイブン・ハンバルの『ムスナド』はそれほど信用するに値しない。

ダイーフ

これ以外の全てのハディースは「弱い」ハディースである。

C　ハディースの叙述形式

伝承の体系的な分類は九世紀に二つの異なる形式、すなわちムスナド（*Musnad*）とムサンナフ（*Muṣannaf*）に従って行われた。第一の形式であるムスナドは、伝達者の鎖の中で最後に引用されている証人の名前を中心にテキストを纏めており、その証人の名は物語の本文直前に置かれ、それ故見出しとして採用されている。ハディース集の各章は、預言者の身近にいた人々すなわち教友たち（とりわけ、アリー、アブー・バクル、ウマル）、娘（ファーティマ）、妻たち（とりわけ、アーイシャ）などの証言をこのように再編成している。これがムスナドといわれるハディース集であり、その典型が四番目の学派の創設者であるイブン・ハンバルの『大選集』と名付けられたムスナドである。そこには預言者の七〇〇人の教友たちに遡る三万のハディースが収められている。第二の形式は異なる事項に対応する章に分類されたムサンナフ（整理すること）である。アル・ブハーリーの『サヒーフ』においては、各ハディースに先立って、テキストの趣旨とテキストが生み出した教義上の意見に関して簡潔な指示を含む短い頭書き（***tardjama***）が置かれており、時には著者が一定の見解をいだいている論争問題に関する要約された解説が書かれている。

おそらく総数にして一〇〇万に達する物語の集積の中から、ハディース批判が一纏まりのテキストを引き出し、これがクルアーンの中で明確に述べられた原初の法を補う最初にして重要な発展となった。イスラーム教徒にとって、資格を有する権威者によって真正なものと認定されたハディースは、神の言葉の解釈ないし注釈であると同時に預言者の言行を人々に模範として示すものであった。最後に、真正とみなされ、そのようなものとして適用された物語は相当な数に及び、クルアーンの二倍から三倍になった。そして、ハディースのそれぞれのテキストはクルアーンの節に内在する法的価値と同じ価値を有し、正式な法のテキストに匹敵するものであった。

第二節　シャリーアの派生的法源

クルアーンとスンナから引き出された正式な法が提起された難問の解決を与えないときは、クルアーンとスンナを補足する規範的な規則の二つの法源を援用することができる。先ず、クルアーンと伝承によって決着をつけられない新しい問題は、イスラーム共同体の一致した合意によって正式に解決されることになる。この新しい解決は資格を有する者たちによって共同体に示される。この場合、規則の根拠は、もはや様々な仕方で示された神の意思ではなく、学者たちによって成し遂げられた法的構成の集団的努力に与えられたウンマの一般的な同意である。従って共同体の合意（イジュマー）とは、大多数のイスラーム教徒たちによる直接的な同意ではなく、法学者たちの見解の一致を意味する。次に、シャリーアにもイジュマーにも解決が見出されないときは、類推に基づく推論すなわちキヤースに頼らなければならない。そして特定の事例において下された法的判断にキヤースを適用することによって、法が予測していない他の事例にも同じ規則の適用を推論しなければならない。イジュマー（一）とキヤース（二）は合法性の二つの新しい決定的な基準であり、双方とも規範的規則を念入りに仕上げようとする努力に基礎を置いている。この努力がイジュティハード（*idjtihād*）（三）であり、これは特別な能力の故にムジュタヒド（*mudjtahid*）の資格を有する一定の法学者が独占していた。

一　イジュマー（共同体の合意）

この第三番目の法源はどのようにして生まれたのだろうか（A）。共同体の合意はどのようにして現れ、その限界は何か（B）。

Ａ　イジュマーの根拠

この制度はクルアーンに由来し、四章一一五節からその根拠を引き出している。『だが、せっかく本当の御導きを見せて戴いておきながら、それでもなおこの使徒（マホメット）と手を切って、正しい信者たちとは違った道を辿る者、そういう者には自分で勝手に選んだ役目を任せてやろうぞ。そしてついにはジャハンナム（ゲヘナ）で焼いてやろうぞ。辿り行く道の果ての恐ろしさよ』。それ故、イスラーム教の信奉者たちが一般的に承認している全てのことは正当であり、義務とみなされなければならない。これを否定する者は不信心者である。ハディースはより明白に次のように述べている。「イスラーム教徒にとって正しいと思われたことは神の目から見ても正しい」。「わが共同体は誤ったことで一致することはない」。「あなた方は人々の中で最も正しい者たちである。人々に正しいことを行うように命令し、不正なことを行うのを禁止することはあなた方の義務である」。「ほんの少しでも人々から離れる者は無知の時代に受けたのと同じ死に見舞われるであろう」。従って、法理論上の権威を持つとみなされるのは、共同体の一般的な意識によってそのようなものとして承認される人と著作のみである。かくして一般的な合意は神の啓示の間接的形式として定義されうる。人々が学者によって導かれ、法の規則はかくの如くであると肯定したとき、全てはあたかも神によって霊感を与えられていたかのように生起する。共同体に承認された無謬の意味はこのようなものであり、これはウンマに与えられた特別な恩恵（カラーマ *karāma*）である。

イジュマーはどのようにして法源となったのであろうか。預言者の死によって共同体が必要な刷新を行う権威を奪われたとき、もともと非常に民主的で個人主義的なイスラームの宗教観や政治観は、信者集団による権力の行使へと向かわざるをえなかった。合意は必要不可欠なものとなった。この合意を得るために協議をする資格を持った人たちは、当然のことながら、教友、後続者、そして彼らの信奉者たちであり、これらの者たちは預言者をよく知っていたので学者とみなされていた。この原初のイジュマーすなわち一般的な合意の第一の功績は、その他の法源の真実性を保証したことであり、原初のイジュマーはそれらの法的歴史的な権威の根拠となった。相次ぐ証人たちの途切れることのない鎖によって、共同体はムハンマドの存在およびクルアーンとスンナの文書の真正さを証明している。

ヒジュラ暦一世紀から四世紀にかけて、共同体の権力は政治的理由のために制約を受けることになる。すなわち、アラブ人の帝国の政府は自らの決定をウンマに伝えるために、ムハンマドが自分の周りに結集させることができたウンマとは全く別の組織を必要とした。カリフたちが得ようと執着したペルシャ由来の絶対的権力の思想はやがて民主的な観念に取って替わり、宗教や神学者の権威の中にそのよりどころを求めた。従って神学者たちはイジュマーの拡大を時間的空間的に制限しようと努め、最終的にヒジュラ暦六世紀には、イジュマーはムジュタヒドに課された理論的役割の中で具体化されることになる統合へと至った。この時からイジュマーは、一つの世代（カルン ***qarn***）に属するムジュタヒドの資格を有する神学法学者たちの見解の一致に由来する理論となった。スンニー派は全てこの原則を承認したが、これに対してシーア派は意見が分かれた。或る著者たちは理論上の見解の一致に対していかなる権威をも認めず、別の著者たちは、ムジュタヒドの合意は隠れイマームの意見を表明している、という推定のもとに理論上の見解の一致に権威を認めた。

ムジュタヒドの集団に決定権を帰属させることは次のような理由づけによって正当化されている。すなわち、神は永遠なるイスラーム教を完全なものと宣言し、ムハンマドがその最後の預言者である。クルアーンとスンナに示された数少ない規則では生起する全ての問題を解決することはできない。従って、新しい解決をシャリーアのテキストから推論しなければならない。学者たちのみがその能力を備えているので、学者たちの一致した見解は、それがイスラームの要求に適合している限り真理である。学者たちの見解が一致していないことは全て誤りであり、不信仰である。このようにして、ムジュタヒドはイジュマーの規則を入念に作り上げることができ、クルアーンの諸節と次のようなハディースによってこの権限を保持している。「神と預言者に従いなさい、また、あなたたちの中で権威を有する人々に従いなさい」、「もし、あなた自身が知らないならば、知っている人々に尋ねなさい」、「問題が起こったら、彼らに相談しなさい」、「余はあなたたちが他の人々に対して真実の証人となれるように、あなたたちを中庸の道に進ませた」。ムジュタヒドは誰でも、論理的推論の助けによってクルアーンやスンナから規範的規則を推論することができるはずであり、シャリーアについて最も広い知識を持つことができるはずである。個人としては、ムジュタヒドでも間違えることがあるだろう。またイスラームの中に様々な異端や分派が生ずることだろう。しかし、ウラマー（聖法学者）の集団が全体として誤ることはないだろう。

B　どのようなときに見解の一致が存在するとみなされるべきか

原則としてイジュマーは、規則が定められる時に存在するムジュタヒドの全員一致の合意を要求する。

これが四法学派によって認められている理論であり、そのため四法学派の人々は「伝承の民、合意に従う民」とよばれている。しかしながら学派間には微妙な差異が見られる。ハンバリー派は教友たちの見解の一致しか受け入れない。マーリキー派は教友たちと預言者の町メディナの後続者たちのイジュマーしか承認しない。メディナは伝承の生きた記憶を他の町よりも忠実に守っていたからである。このテーゼは次のようなハディースによって支持されている。「火が金属の錆を取り除くように、メディナはその不純さを追い払う」、「蛇が己の穴に住みつくように、イスラームはメディナを離れない」。しかし、他の学派はこのメディナの卓越性を認めていない。その上イジュマーは一つの時代とか一つの地域に限定されていない。原則として学者たちの見解の一致があれば、どの時代でもどの場所でも真理は保持されているのである。これに対してシーア派、特にイマーム派とザイド派は、預言者の子孫たちの集団的見解だけをイジュマーとして認めている。

共同体がムジュタヒドを介して明示的あるいは黙示的に或る慣行や一定の教えを承認し、そこから一度も逸脱しなかったときに、イジュマーの一つの規則が確立されたものとみなされる。一世代（カルン）の全てのムジュタヒドの見解の一致が生じても、規範はいまだ確定していない。イジュマーが決定的に確立され、続く世代に課されるためには、そのムジュタヒドの世代が消滅するのを待たなければならない。カルンは、それぞれの資格（例えば、教友、後続者、そして彼らの信奉者）によって区別される法学者たちが同じ体系に従っていた期間を意味する。そのことは、或る時代に確立されたイジュマーが別の時代のイジュマーによって取って代わられることを妨げない。学派間で意見の対立が見られたのは、教友のイジュマーもまた破棄されうるかどうかという論点のみである。第三の法源であるイジュマーはこのようにして神の啓示を効果的に持続させることができた。イジュマーは、特に法的活動の領域、中でも契約法において注目すべき同化の能力を示しながら—征服された国々に見られる一定の制度、例えばローマ法の債権債務関係や契約などをイスラーム化することによって—全ての新しい概念形成の手段となっていく。しかしイスラーム化におけるイジュマーの働きそのものの成功は、イジュマーにとって弱さの原因ともなっていった。イスラーム教徒の最初の三世代を経ると、イジュマーのメカニズムを規則的に機能させるのがきわめて困難になる。今や大西洋から中国にまで広がったアラブの帝国において、ムジュタヒドの見解の一致を探索する資格ある権威が存在しないことから、法理論上の単なる一般的意見と真のイジュマーとを区別することが不可能となった。十世紀以降はムジュタヒドがもはや存在しないので、法学者の沈黙には確かに意見としての価値はなかった。その後イジュマーは用いられず、もはや象徴的な存在でしかなかった。

二　キヤース（類推に基づく推論）

最初の三つの法源であるクルアーン、スンナ、イジュマーは、多かれ少なかれ神の啓示に依り、それ故無謬である。これら三つの法源が存在しないときには、類推に基づく推論へと訴えなければならない。このキヤースは人間的基準であり、それ故誤りうるものである。これは神の啓示に基づく法の通常の注釈（タフスィール）ではないし、個人的な、それ故気まぐれで恣意的になりうる判断でもない。キヤースは類推の規則によって規律された体系的な推論である。審理の対象である事例の解決は、既にテキストによって解決されている類似の事例の中に見つけ出すことができる。これが法のテキストによる類推

（analogie légale）である。推論の基礎として利用できるテキストがなければ、総体として考えられた法により定められている諸規則の一般精神に最も良く合致した解決を探し求めることができる。これが法の一般原則による類推（analogie de droit）である。

最初の二世紀の神学者たちはキヤースを用いることに対し明確に反対していた。神学者たちは、クルアーンの神の啓示が類推に基づく推論のあらゆる援用を明らかに排除していると考えていた。『聖典の中で我ら（アッラー）が言い残したものは一つもない』（クルアーン六章三八節）。というのも、この書は『あらゆることがらの解き明かし』（クルアーン一六章八九節）だからである。しかし、キヤースは最終的には認められることになる。キヤースを支持する最も強力な論拠は、シャリーアの明文化された少数のテキストから、当のテキストが含みうる全てのものを推論する必要性にあった。新しい推論を体系的に適用した最初の人はアブー・ハニーファであった。それ故、彼の学派の信奉者たちは純粋な伝承主義者（*aṣḥāb al-ḥadīth*）とは区別され合理主義者（*aṣḥāb al-raʾy*）と名付けられた。他の学派、とりわけマーリキー派とシャーフィイー派は、自分たちの体系から類推に基づく推論を除去することはなかったが、この推論にごくわずかな重要性しか与えなかった。キヤースの構成要素は何か（A）。キヤースはどのようにして適用されるのか（B）。

A　キヤースの構成要素

キヤースは、テキスト（クルアーン、ハディース、イジュマーによる解決）によって示される規則がそれらの文言には含まれないが同じ理由によって支配される事例に適用される際に用いられる方法である。例えば、高利の貸付（十枡の引渡しに対し十一枡の返還）となる過剰返還分（リバー *ribā*）を伴う穀物（小麦、大麦）の交換は禁止されていたが、この禁止は干しなつめ椰子の実や干し葡萄に関する類似の取引まで拡大された。神の啓示と人間の理性の結合である類推は、それが拠りどころとする最初の三つの法源を補足する法源である。キヤースの構成要素は以下の四つである。①比較の対象となり、類推の方法が適用されるテキスト。②解決すべき問題や特徴づけられるべき状況。③二つの問題あるいは状況を橋渡しするもの、すなわち既に定められたテキストの存在理由、イッラ（*'illa*）。イッラは解決すべき法的状況の中にも同様に見出され、かくして二つの事例の間で類推を生み出す。④解決された事例から審理に付されている事例へと類推によって解決を拡大すること。これが類推の法的効果であり、この効果は二つの事例において同一の法の根拠（**ratio legis**）の存在が確認された後に必然の結果として生じる。唯一の問題はイッラを発見することにある。すなわち、既に解決ずみの事例において立法者を決定へと導いた理由とみなされるべき要素は何であるかを知ることであり、次に、その同じ理由が解決すべき事例の中に存在するか否かを検討することである。それ故、形式的、表面的な類推だけでは十分ではない。例えば、或る種の場合に、一般に法が不法であると宣言している行為を法が許す場合がある。クルアーン六章一五二節は緊急事態の原則を次のように規定する。『我らは誰にも無理な重荷を負わせたりはしない』。これは誰も不可能なことを義務付けられないという意味である。必要に迫られて、豚肉や儀式において生贄として捧げられない動物の肉を食べた者は、餓死する恐れがあった場合には罪にはならないであろう。立法者がここで考慮したと思われる唯一のことは緊急事態であり、これが顕著な（*mu'aththir*）特徴とされる。人は同じような状態に遭遇するたびに、類推によって、規定された規則に違反する罪状は存在しないと判断するだろう。禁止された事柄を緊急事態が合法なものにするということは一般的原則である。禁止された多くの行為がこの規則の適用によって合法とみなされる。例えば食物を盗むことや正当防衛の場合の殺人である。法のこの存在理由は、テキストによって示された規則がその文言において予想されていない事例にも適用されうることを知らせる徴である。この理由が見出されるや、法学者は類推を行いながら、このような理由で定められた法を同一の理由が認められる事例へと適用し判決する。これがタアリール（*ta'līl*）である。全ての学派が認める見解に従い、立法者は知恵（ヒクマ *ḥikma*）あるいは福利（マスラハ *maṣlaḥa*）を目的にして法を制定する。或る法に帰せられるイッラをこの目的に関連づけることができるとき、イッラは法と釣合いがとれているといわれる。それ故、法の存在理由は明確でありかつ正確でなければならない。法の存在理由は、法の根拠の全体が含まれている一つの本質的性質、一つの事実や事態や出来事である。従って、別の状況において同じ理由が現れるたびに、同じ規則が必然的帰結として適用される。

B　キヤースの適用

法により規定された規則の諸理由のうち、類推に基づく推論を基礎付けるに適していないものとして除去すべき理由が何であるかを明らかにすることが、ムジュタヒドの判断に委ねられた仕事である。ムジュタヒドは次のようなルールを尊重し、原則的にこれらのルールに導かれ選択を行わなければならない。これらのルールの或るものはいわゆるイッラに関するものであり、その他のものはテキストに関するものである。

イッラの選択

この選択は三つのルールを尊重して行われなければならない。先ず、最も大きな法的権威を持つテキスト（クルアーン、スンナ、イジュマー）のイッラすなわち理由に基づく推論が他の全ての推論に優先する。法的効果が最も広範に及ぶ理由が次にくる。そして、最も多くのテキストの基礎になっている理由が他の理由よりも大きな法的効果を持つと考えられる。

テキストの選択

類推に基づく推論が有効であるためには、比較のために用いられ推論がそれに適用されるテキストは、更に次のような幾つかの条件を満たさなければならない。

―テキストは特殊な事実に関するものであってはならない。例えば、預言者だけに当てはまるクルアーンの幾つかの節は、類推の方法で拡大されることはありえない。

―法はその理由が人間の理解力を超えるようなものであってはならない。例えば、なぜ神が夫と妻の相続分をそれぞれ四分の一と八分の一に定めたかを知ることはできないので、類推に基づく推論の基礎としてそのテキストを使用するのは不可能である。

―類推に基づく或る推論が、類推に基づく別の推論によって提示された規則に基礎付けられることはありえない。類推に類推を重ねることは効力を持たない。確かに、推論された命題が比較のために用いられた法のテキストと同じ理由に基づく場合には、推論された命題に依拠することは不必要なことである。法のテキスト自体を参照するほうが良いからである。テキスト自体を参照しない場合には、その推論は誤っていたことになる。逆に、類推に基づく一つの推論が別の推論を破棄することはありえない。

二つの推論が抵触するときには、ムジュタヒドは一番正しいと判断する推論を自由に受け入れることができる。キヤースによる一つの規則の価値はそれを定式化した法学者の価値に依存しており、法学者の活動領域においてはいかなる無謬の推定も存在しない。

—推論された規則は、それが抽出された法のテキストに反してはならない。法の従属的法源である類推は、それが比較の対象とされたテキストと相反していたときには無効となる。例えば、保護されている民（ズィンミー *dhimmī*）すなわちキリスト教徒やユダヤ教徒は、タラーク（*ṭalāq*）とよばれる通常の形式で妻を一方的に離縁することができるが、シャーフィイー派は、類推によってズィハール（*ẓihār*）すなわち妻の身体を母の背中と同一視する侮辱的な言葉を発することで婚姻を解消する権利をもズィンミーに認めている。これに対してハナフィー派は、夫が贖罪によりズィハールの効果を回避することができることを根拠にこの推論に反対している。というのも、このような贖罪はイスラーム教徒でない者にとっては不可能なことであり、それ故この推論はテキストに反するからである。

—推論された規則は、類推に基づく推論が適用された法のテキストの文言の中に含まれていてはならない。もし推論された規則が適用された法のテキストの中に含まれていたら、その規則は余計なものだろう。例えば、シャーフィイー派は、ハムル（*khamr*）という言葉は単にワインばかりではなく酩酊作用のある全ての果実酒を示していると主張し、クルアーン二章二一九節と五章九〇 - 九一節によって明確に述べられている禁止を酩酊作用のある飲み物全てに類推適用する。しかしハナフィー派はこの推論に類推としての性質を認めていない。ハナフィー派はこれを、もっぱらテキストの内部でのみ作用する単なる論理的な帰結と考えた。

―類推に基づく推論はテキストで明確に述べられた法を修正してはならない。例えば、性的関係のあった男女の一定の近親者の間では婚姻が禁じられている。マーリク・イブン・アナスは、この場合、性的関係は正規の婚姻の結果として生じたものであることを要求した。しかしハナフィー派によれば、この要求は法の中に新しい条件を導入することであった。

結局のところ、類推によって推論された規則はクルアーンやハディースあるいはイジュマーによる解決によって定められた規則と同様の権威を持つことはありえないであろう。推論された規則は、人間理性の働きに基礎を置いていることから誤りに陥りやすい。法学者が正しいことも間違っていることもありうるということは全ての人々が認めている原則である。従って、キヤースによる解決は学説としての性格を持っていることを認めなければならない。或る法学者によって示されたキヤースによる解決は、一部の法学者たちに承認されることもあれば、他の法学者たちに反対されることもあるので、論争の対象になりうる。キヤースによる解決は基本原則にはなりえても法ではない。しかし、類推に基づく推論は法のレベルに達することもあり、そのためにはその推論が法学者集団によって承認されるだけで十分である。それ故、類推に基づく推論はまさしく法学者たちの合意に基礎付けられたイジュマーの規則になり、この場合、当の推論はキヤースを基礎付けるために要求されるイッラにもはや基礎付けられたものではない。キヤースとイジュマーのうち、前者は裁判上の規則を創造しようとする努力であり、後者は立法上の規範としての性格をこの規則に与える。それ故、キヤースとイジュマーはクルアーンとスンナから派生する理に適った二つの法源であり、クルアーンとスンナの素材を用いながら、その内容を変えていく。このような機能を果たす者は、ムジュタヒドすなわち一定の資格を帯びた神学法学者であり、この資格がムジュタヒドにイジュティハードすなわち裁判上の規範となるよう定められた規則を創造する権限を付与する。

三　イジュティハード（法規則の創造）

イジュティハードは努力を意味し、解決すべき具体的事例に適用できる規則をシャリーア（クルアーンとスンナ）から引き出すために、その内奥の意味を見抜こうとする行為である（A）。ムジュタヒドは法の厳格な規則を見失うことなく、必要な場合には、それを新しい道（*madhhab*）へと導くことができる人である（B）。

A　イジュティハード

裁判上の規則を創造するこの能力の源はクルアーンとスンナの中に見られる。クルアーン（三章一一〇節）は、人類のために生み出された最上の共同体であるウンマに、神の啓示だけで満足するように正しいことを命じ、咎めるべきことを禁止する能力を与えている。ところで、法を解釈する法学者は、そのウンマを代表し特別の功徳を得ていた。なぜならば法学者はクルアーンで定められているように『明瞭な神兆や正しい導き』（クルアーン二章一五九節）の認識を他の人々から包み隠してはならない義務を果たしているからである。これを行わせるためにアッラーは法学者に特別な恩恵を与えている。『すべてこういう譬えは、万人のために我らが打ち出して見せるもの、だが、それのわかるのは初からしっかりした知識をもっている者だけ』（クルアーン二九章四三節）。『同じ（神の）僕といっても、心からアッラーを畏れかしこむのは、本当にもののわかった人々だけである』（クルアーン三五章二八節）。神は法学者に卓越した顕職を与え、法学者を特別な地位に置いた。『ものの分かった人間と、わけのわからぬ人間とが同等かね』（クルアーン三九章九節）。この疑問文は、両者が同等でないことを主張する肯定文である。クルアーン五八章一一節には『アッラーはきっとお前たちの中の信仰篤い者や、特別の聖智を授けられた者を何段も高い地位に引き上げて下さろう』とあり、このことに疑いを持つことを許さない。

イジュティハードは預言者の死の翌日から、すなわちイジュティハードという言葉が存在する以前から存在していた。最初の四人のカリフと預言者の身近にいた他の教友と後続者たちはムジュタヒドであった。これらの人々は、クルアーンの一節やハディースを解釈するとき、注釈すなわちタフスィールを通して、解釈されるテキストと同じ価値を有する裁判上の規則をきわめて着実に創造した。

七世紀の後半以来、専門家たちは自らの権威を認めさせていた。しかし、単独の意見は常に人間が行う推測と考えられていたので、このような意見に対しては直ちに次のような保証がなされた。すなわち、ムジュタヒドの個人的な学説が強いられることはなく、同じ資格を持った法学者の全員の一致のみがこの学説に法の効力を付与することになる。これがイジュマーすなわちイジュティハードの集合的な形態である。大きな諸学派が形成された時代にあたるヒジュラ暦二世紀と三世紀には、イジュティハードという言葉はアラブ・イスラーム帝国という新しい領土の状況の中でその専門的な意味を持つようになり、そして、やがてムジュタヒドという称号は「神の言葉を十分に理解し、その時々の新たな要求へとこの言葉の適用範囲を広げていくために不可欠な道徳的かつ知性的な資質を持つ人々、すなわち法学の光輝く知性」（L.Milliot）を意味するようになる。外国の征服、それ故、新しい民の服従は、シャリーアのテキストの文字通りの意味と一致させることが困難となる要求を生み出す。神の啓示を国家の行動と一致させなくてはならない。法学者たちはこのような一致へと到達するために、法制度の発展を促進することのできる学問の新しい方法を聖典のテキストに適用した。法の研究はカリフの神政政治の下で続けられるが、これ以降、その研究はハディース集、慣習、地方の慣例、外国の制度といった複合的資料を取り扱うことになり、要求されてはいないが黙認された思索的な活動、すなわち論理的推論の方法を利用した活動を進めていくことになる。この法的活動の中にギリシャ正教の教義学の影響を認めないことは困難である。この教義学は特殊な規定と共に方法論によっても影響を及ぼし、この法的活動の全体はイスラームの文化に新しい要素を付け加えることになった。フィクフ（*fiqh*）の時代が到来した。

フィクフはシャリーアを理解する営みである。シャリーアの知識を有し、シャリーアを解釈する能力を持つ人がファキーフ（*faqīh*）である。ムジュタヒドはそれ以上の者である。ファキーフは法を知っているだけであるのに対し、ムジュタヒドは法を知り、法を創る。ムジュタヒドの法創造の権限の基礎となる探求は、神が共同体の安寧と個人の幸福のために法を定めたことを原理として措定しているクルアーンによって直接的に導かれている（クルアーン二章一八五節、二二章七八節）。それ故、適用に関して疑いのある場合やシャリーアが沈黙している場合には、適用すべき規則の決定的基準は一般的利益すなわち公共の福利（*maṣlaḥat al-ʻāmma*）となるであろう。人間にとって必要なものが状況、時代、場所に応じて変化するように、法の規則も発展していく。かくして、教友たちは新しい規範、新しい制度を生み出すように導かれていた。

法の発展を促す万人によって認められたこの第一の原理に基づき、ハナフィー派は法の解釈者たるムジュタヒドが更に主観的な基準を採用することを認めることになる。すなわち、類推による推論を厳格に適用すると結果が重大な損害を引き起こしかねない解決に達する場合には、ハナフィー派は、訴訟の特殊な状況においては法論理が命ずる解決より好ましいと思われる解決を法学者が扱う事例に適用する権限、換言すれば、衡平の配慮を優先させる権限を法学者に認めた。ここでは、論理的推論は最優先の利益である衡平という理由に屈服するのである。これがイスティフサーン（*istiḥsān*）すなわち裁判における衡平の優先である。ハナフィー派の学説の発展に大きく貢献したこの方法は、やがて他の学派、特にこの方法の射程範囲を制限しているシャーフィイー派やマーリキー派の支持者たちから激しい攻撃を受けることになる。

B　ムジュタヒド

ムジュタヒドは従って普通の法学者（ファキーフ）ではない。ムジュタヒドは役割を果たすために並々ならぬ適性、すなわち学識と無欠の高潔さ（アダーフ *ʿadāla*）を合わせ持たなければならない。しかしながら、イジュティハードは連続した三つの段階に区別されていることが認められており、それ故ムジュタヒドも連続した三つのグループに区別されえたことが認められている。法を創造するムジュタヒドの権限は、この権限が付与された当初の時代から遠ざかるにつれ弱まり、その発展の終末はヒジュラ暦三〇〇年（十世紀）に訪れる。この時イジュティハードは衰退し、これが「イジュティハードの閉門」（*insidād bāb al-idjtihād*）である。その後更に二世紀の間、限定された権限を有するムジュタヒドが諸学派の内部自体で発展して行くことになるが、そのイジュティハードは、実際は一種の順応主義（*taqlīd*）である。この時以来「イスラームの法律は、墓地の静寂さを思わせるような完全な休眠状態に陥った」（Snouck-Hurgronje）。

（1）法学派の四人の創始者

法を改善する全般的な権限（*idjtihād al-shar'*）を有するムジュタヒドには特別の地位が与えられねばならない。従って、この能力を保持する神学法学者には、いかなる規則によっても制限されることなくクルアーンやスンナを解釈する資格があり、かくして法を創り上げていく絶対的で独立した権限が認められていた。またこれらの神学法学者は理論を定式化し、解釈と分析の方法に関する一般的な性格の諸原理を定めることもできた。イジュマー、類推（キヤース）、衡平の優先（イスティフサーン）の原理、公共の福利（マスラハ）の原理そして慣習（ウルフ）が法源としてみなされたのはこれらの神学法学者の権威の故である。これらの法学者は法学派の創始者である四人に限定される。四人の創始者以後は、もはや限定された（*muqaiyad*）権限を有する立法者しか存在しないことになる。西暦十世紀の間に、全イスラーム共同体は、ハワーリジュ派とシーア派を除いて、宗教上同じ基盤に立つ四法学派の正統性を承認した。これはイジュマーによる決定である。共同体は、創始者である四人のイマームの各学説にクルアーンとスンナに類似した正式な法のテキストとしての価値を与えている。しかし、学派の長たちはそれぞれ固有の弟子を有しており、その弟子たちは尊敬すべき師の個々の教説の発展に専心した。諸原理の体系的説明は学派が分離していく傾向を加速させた。意見の相違が議論と論争の主題になったことから、これらを収拾しなければならなかった。それ故、ムジュタヒドの新しい二つのカテゴリーを認めることにより、この状況は正常化されていくことになる。

(2) 限定的なイジュティハードを授けられたムジュタヒド

先ず、法学派の内部で法を制定する権限（*idjtihād al-madhhab*）が何人かの神学法学者に認められた。これが限定的なイジュティハードである。これらの神学法学者たちは、特定の学派の指令に従って法規範を定めることができ、それ故、学派の長によって命じられた諸原理を適用しながら新しい事例のために規則を定めることができる。しかし、新しい手段、新しい方法、推論の体系などを創造することはできない。この第二のカテゴリーに属するムジュタヒドの権威は、彼ら自身ではなく彼らの師であった先駆者たちに由来する。先駆者たちは法学派の創始者を個人的に知っていたので、後者の見解を解釈する資格を最も有する人々とみなされていた。創始者と先駆者の権威と権限の関係は、別のレベルにおけるムハンマドの教友たちと後続者たちのそれに相当する。

(3) 特殊な事例に限定されたイジュティハードを授けられたムジュタヒド

特殊な事例において法を制定する権限（*idjtihād fī-l-masā'il*）を与えられているのが第三のカテゴリーに属するムジュタヒドである。これらのムジュタヒドたちは、上位の先人たちによって規定されていなかった事例においてのみ法規範を定式化する資格を有していた。ただし、その決定は自分が属する学派の原則に合致したものでなければならなかった。

ヒジュラ暦五世紀からは、新学派を創設することが禁止されると同時に、学説上の解決に立法上の規範としての価値を付与することも禁止された。「イジュティハードの閉門」の規則はここで完全な意味を持つことになった。ヒジュラ暦三世紀末から、もはや全般的な権限を持ったムジュタヒドはいなくなり、八世紀からは、限定された権限を持ったムジュタヒドもいなくなった。従って、イスラームの法体系は他の二つの法源すなわち慣習と判例の影響を受けることになった。

第三節　慣習と判例

十世紀以後、イジュティハードの衰退および「イジュティハードの閉門」とともに、立法による法の創造は大いに拘束されることになった。法体系は次第に活気を失い、その後新たな必要性に適応することが不可能になった。そのころ法規範の新しい法源が現れ、新しい法体系が生まれ発展することになる。この新しい法体系は、理論上は神法を改革することはできないが、実際には、神法がもはや適用されえないあらゆる問題において、神法に取って代ることになる。

長い間組織体が無秩序のままであったと思われたイスラームの国々において、慣習（ウルフ *'urf*）と判例（アマル *'amal*）の存在することが判明した。前者は民衆の一般的合意（consensus generalis）から生まれたものであり、後者は裁判の先例の繰返しから生まれたものである。成文法と慣習法は単に並置されているだけではなく、判例のゆっくりとした働きの中で一種の相互浸透によって互いに影響を及ぼし合った。

一　慣習

慣習は、シャリーアの法規範を仕上げていく過程において重要な役割を果たした。スンナは、実際には大部分が預言者の時代に効力を有していたウルフを編集したものであり、イジュマーは、多様な地域、時には外国の地域に由来する慣行を正規のルールにした。慣行が自律的法源として正規のルールであることは、「信徒たちが良いと思ったことはアラーの前においても良い」というハディースによって正当化され、慣行から多くのものを汲み取っていた学派の創始者たちの範例によっても正当化されている。しかし、この有効性の原則がひとたび承認されると、慣習の役割と重要性は大きな論争の対象となった。しかしながら、学説はみな一致して、法規則としての価値をウルフに認めることはなかった。慣習の役割は、法を修正するというよりはむしろ法を新しい必要性に適応させることにある。イスラーム法理論においては、それ故、慣習は法規則としての法源ではなく、二次的かつ補助的な特徴を持つ自生的法源である。この法源は長い間知られずにいたが、インドのイギリス人、インドネシアのオランダ人、北アフリカのフランス人は、イスラーム教徒が必ずしも常にシャリーアに従っているわけではないことをやがて認識するに至り、それ故イスラーム法と慣習法の法体系を妥協不可能なほど分離させ対立させることではこの二つの法体系の関係をめぐる問題は解決されえないことを理解するに至った。

全てのイスラームの国々において、慣習は事実上実定法の法源であった。シャルがもはやイスラーム社会の必要性に応えていない所では、慣習上の諸制度が、実定法を過去に結び付けている絆を断ち切ることなく、実定法に新たな生命を与えた。そして、イジュティハードとイジュマーの手段によって常に可能と考えられた慣習の正規化が待たれた。地域全体が伝統的慣習を完全に保持しながらイスラーム教への帰依を受け入れることさえあった。それ故、イスラームの領土は、かつてのフランスが慣習法と成文法の地域に分かれたように、ウルフの地域とシャルの地域とに区分された。しかし、イスラーム法すなわちシャルの地域でも慣習が常に水面下に存在し、他方ウルフの地域では、クルアーンとスンナの存在が常に法の究極の根拠（**ultima ratio juris**）として援用されえた。両法体系間には相互に継続的な影響が見られ、それは繰り返される裁判上の先例を用いた判例の法理によって行われた。判例はイスラーム実定法の第二の自生的法源となった。

二　判例

判例は、全ての学派によってイスラーム法の法源として認められており、学派の形成は歴史的にも部分的にも判例から切り離せないものであった。このようにしてマーリキー派では、学派の創始者マーリクはメディナの判例を法源として認め、これに真正のハディースに勝る地位を与えた。これに対してハナフィー派とハンバリー派はイラクの判例に従い、シャーフィイー派はメッカの判例に従った。やがてフィクフの衰微に伴い、判例は補助的法源の役割を果たすことになり、このことは特に司法実務の文書を通して我々に伝えられている法文献によって十分に実証されている。この種の文献としては先ず、公正証書集（ワサーイク *wathāʾiq*）すなわち公証人の書式集がある。この書式集は全ての学派において数多く見られ、そこにある書式は判例の種々の規則を示しており、判例自体もまたこれら書式集の注解の中で分析されていた。次に法的意見（ファターウィー *fatāwī*）の集成がある。これは最も名高い法律顧問たち（ムフティー *muftī*）の回答を集録し刊行したものである。これらの回答の総体はきわめて豊富な文献を構成した。最後に、分析的かつ批判的な注解を伴った特別な判例集が存在し、そのうちスィジルマースィー（ヒジュラ暦一二一四年没）の『アル・アマルル・ムトラク』（*al-ʿAmal al-Muṭlaq*）

のような幾つかの注解書は真に一般的な判例集であった。これら一般的な判例は、イスラームの全ての国々に共通する判決の対象となった様々な問題にかかわっており、従って一般的な射程を有し、一般的に適用された。

これら様々な書物を基にして全ての学派が一体となり、法源たる判例の古典的理論が入念に作り上げられた。古典的理論は、或る特定の国に関連づけられる地方の判例が問題になるか、イスラーム共同体全体に適用される一般的な判例が問題になるかに応じて、以下の規則に従っている。

先ず、地方の判例に関しては、学説は次の三つの規則が確実に尊重されるべきであるという点で意見が一致していた。第一に、判例による全ての解決は資格を有する法律顧問の意見に従わなければならない。第二に、判例による解決は一般的利益もしくは必要性によって動機付けられていなければならない。最後に、一般的利益や必要性が存在するか否かは尊敬すべき二人の証人の証言あるいは学識のあることが知られた一人の学者の意見によって証明されていなければならない。

次に、多くの、あるいはほぼ全てのイスラームの国々に共通の一般的な判例に関しては、フィクフはそれに新しい法規則としての価値を認めることを地方の判例に比べ遥かに容易に受け入れた。しかしながら、一つの点が論争の的となっていた。すなわち、一般的な判例はシャル（クルアーンとスンナ）によって定められた規則に違反してもよいかという問題である。判例の規則を受け入れる理由は、この規則がこれまでイスラーム共同体によって承認されてきたからであり、それ故イジュマーによる解決の価値を持つものとみなされねばならないからである。このような解決に対して躊躇する理由は、それがシャルの規則に違反することもあるからである。

この法体系全体は非常に合理的に構築されている。地方の判例の規則は共同体の多数意見に勝るとされているが、これは十分に理解できる。というのも、地方の判例規則の基礎が資格のある法律顧問の意見であるとすれば、それは多数意見より好ましい意見だからである。一般的な判例の規則がそのまま受け入れられることもよく理解できる。シャルの違反に関して示された躊躇はイジュマーの観念が絶対的な明確さをもって確定されていなかったことによる。方法の観点から見ると一般的にイスラームの判例は、実務の必要性に直面してシャリーアの欠欽を補うことに向けられていた。かくして、イスラームの判例は性格においても起源においてもシャルにはない諸制度を正規化するに至った。クルアーンとスンナに向けられた尊重の故に、シャルのテキストに反するような判例上の制度の例は明らかに少なかった。しかし、ここで指摘しておくべき一つの例がある。すなわち一度の宣言による離縁である（第二章第一節タラーク参照）。この制度はクルアーンのテキストに明白に違反している。というのも、クルアーンは離縁する夫に一連の三回の離縁宣言による試練を課しているからである。前者の離縁は、イスラームの大多数の国において判例によって認められていることから「改革された」離縁といわれている。

第四節　法令（カーヌーン）

イスラームの国では権力が組織化され安定期を迎えると、主権者の命令は、新しい諸制度を正規化するためにそれらを統制するだけでなく、シャルが空文化する時それに代わる世俗的な規則も定めた。この新しい法源は行政上の法令（*qānūn siyasī*）であり、これはまた次のように様々に名づけられている。

すなわち、トルコではフェルマーン（*fermān*）、ベラート（*berāt*）、イラーデ（*irāde*）、ハットゥ（*hattı*）、エジプトでは政令（*qarar*）、チュニジアでは総督命令（*'amr bey*）、モロッコでは王令（*zāhir*）である。この行政権の介入はシャリーアから見ても全くもって正当であった。シャリーアの適用を監視するという全般的な使命を負っていた主権者はシャリーアを解釈し、必要な場合にシャリーアの沈黙を補充する義務と権利を有していた。主権者の決定がいかなる基本的な法規則にも反しない場合は、主権者の意思は法律としての効力を獲得することになる。その後、ほとんど全てのイスラームの国々において立法議会が制度化され、法制度は主権者の命令から立法議会で採択される法律へときわめて自然に移行していった。

非妥協的保守主義からの圧力にもかかわらず、近代の立法の中には西洋の影響が色濃く見られ、次第に重要さを増すカーヌーンの役割を目立たせることになった。しかし、行政規則や立法の形態におけるカーヌーンの利用が異論の余地なく効果的であったのは、古典的規則の法典化においてであり、国民国家の脈絡に文化的に最も適合した規範の学派内部での慎重な選択においてであった。カーヌーンが補助的法源であるのは、正にこのような役割においてである。

フィクフの最も古い法典化は一八五八年のトルコの「土地法」であったと思われ、その中の幾つかの制度は純粋にイスラームの精神から発したものであった。次にくるのはハナフィー派に従い債権法と契約法を法典化した有名な「メジェッレ」（*Mecelle*）であり、これは一八六九年にその草案化が着手され一八七六年に完成し、今なおイスラエルとヨルダンで適用されている。更に一九〇六年チュニスの総督によって公布された「債権と契約の法典」があり、そして一九一三年にモロッコのスルタン、ムーライ・

ユーセフによって公布された王令である「債権と契約の法典」がある。これら二つはハナフィー派とマーリキー派を非常に巧みに統合したものであり、今日でもチュニジアとモロッコで施行されている。

家族法の分野では、トルコが一九一七年に家族法に関する法律を制定することによって新たな道を開いた。この法律は婚姻と婚姻解消についての真の法典である。トルコの立法者はハナフィー派に執着することなく、他の学派によって定められた規範が少しでも好ましいと判断されれば、これらの規範に頼ることを躊躇しなかった。このオスマン帝国の法律は、トルコでは一九一九年に廃止されたが、シリア、レバノン、ヨルダン、パレスチナにおいてはその後長い間効力を持ち続けた。この法律はレバノンとイスラエルでは今日もスンニー派のイスラーム教徒に適用されている。

エジプトでは身分法に関し統一的立法は未だ存在していないが、異なった分野ごとに断片的に法律が存在している。エジプトの立法者は、一九一七年のオスマン帝国の例に従い、現在の状況により良く適用されるとみなされる規則であれば、他の学派からそれらを躊躇せずに借用した。しかし、エジプトの立法者は、いかなる学派にも属していない法学者の教説や既に消滅した学派の学説が改革に役立つ限りにおいては、それらに法的効力を与え、より著しい改革を行った。かくして、離縁後の扶養定期金、離縁の方式、妻からの要請による離婚に関する一九二〇年七月一二日および一九二九年三月一〇日の法律は、マーリキー派から多くを取り入れている。これに対し、無遺言相続に関する一九四三年八月六日の法律はハナフィー派を固守している。しかし、遺言相続に関する一九四六年六月二四日の法律については事情が異なる。つまり、その法律の最も注目すべき改革は「義務的遺贈」に関するものである。全ての学派から拒絶されたザイド派の規範に基づき、エジプトの立法者は、父あるいは母が死亡していたためこれまで祖父母の相続から除外されていた孫が今後は受遺者として最大三分の一の相続分を取得することができると決定した。代襲相続はイスラーム法には存在していなかったが、この改革はその後シリア、チュニジア、モロッコ、アルジェリアにおいて採用される。

マーリキー学派の国であるスーダンは、エジプトから影響を受けたとまでは言えないが、ハナフィー派の影響を受けた法律を非常に早くから採用していた。スーダンでは身分法の統一的な法典化はなされていないが、一九二七年から一連の司法上の命令が公布されており、それは家族法全体を包含している。インド帝国が一九三九年に公布した「イスラーム教徒の婚姻解消法」は真のイスラーム婚姻法典である。この法律は、分割後のパキスタンの立法者によって公式に採用され、一九六一年三月二日の命令によって改定されることになるが、この改定後のテキストは更に身分一般に関する幾つかの規範をも定めている。一九五一年に公布された家族法に関するヨルダンの法律は、一九一七年のオスマン帝国の法律を継承し、その一般的な構成を採用しているが、一九二〇年および一九二九年のエジプト法の影響をも受けている。この法律は一九七六年に廃止され、「身分法典」がそれに替った。この点に関して更に独創的なのは一九五三年のシリアの「身分法典」である。この法典は一九七五年に改正されているが、ハナフィー派の影響を強く受けており、広義の家族法を包含している。チュニジアの「身分法典」(*Majalla*)は一九五六年に総督によって公布されたが、相続法の分野を除いて、正統派のマーリキー派やハナフィー派から全面的に逸脱している。モロッコでは、五つの王令によって一九五七年から一九五八年にかけて公布され一九九三年に改正された「身分と相続に関する法典」すなわち「ムダウワナ」(*Mudawwana*)は、最も厳格な正統イスラーム法の諸原理の尊重と、現代生活の必要性によって生じた古い法制度の修正とを両立させることになった。そしてイラクでは一九五九年一二月三〇日に「身分法典」が公布され、この法典は立法の面でスンニー派のハナフィー法学派がシーア派のジャーファリー法学派より優位にあることを示している。リビアは一九八四年四月一八日の法律において、厳格にマーリキー派に従った婚姻法を法典化した。アルジェリアは一九八四年六月九日に「家族法典」（*Qānūn al-'usra*）を制定し、規範の面でマーリキー派の身分法全体を包含する新たな法制度を提示した。モーリタニア・イスラーム共和国は二〇〇一年七月一九日に「身分法典」を採用した。この法典の編纂の形式は、モロッコの「ムダウワナ」のそれに非常に近いものであったが、この「ムダウワナ」は、その後モロッコ王ムハンマド六世の指導の下二〇〇四年二月三日に廃止され、伝統と現代を非常に巧みに妥協させた「家族法典」（***Mudawwana al-'usra***）に取って替えられた。最後に、時代的に最近の法典化として、二〇〇五年六月三日にコモロ連合の大統領によって公布された「家族法典」があり、これはシャーフィイー派の最初の法典化であった。

これら種々の身分法典や家族に関する諸法律は、人に関する民法の全領域を律しようとしたものではない。大部分は簡単な条文を規定するだけにとどめ、依然として効力を持つイスラームの古典的な法に依拠しながら、これらの条文の適用範囲を明確にする任務を裁判所に委ねている。アルジェリアや特にモロッコの場合のように、法典がその条文の多さの故に西洋の法典と類似しているときも、それだけで古典的なイスラーム法が廃止されたわけではない。古典的なイスラーム法は法律の間隙において依然として効力を持ち続けており、法律の間隙はもっぱら「シャリーアの規定に」基づき埋められなければならない（アルジェリア家族法典二二二条）。

第一章　婚姻（ニカーフ *nikāḥ*）

イスラームにおける婚姻は男女間に法的身分を設ける契約であり、その契約は道徳的かつ宗教的性質を帯び、社会的利益によって影響を受ける。婚姻は如何にして成立するか（第一節）。婚姻の効力は何であるか（第二節）。

第一節　婚姻の成立

婚姻の成立を考察するためには、婚姻の有効性の条件（一）、婚姻の無効（二）、婚姻の立証（三）を順次見ていく必要がある。

一　婚姻の有効性のための必要条件

四つの条件が婚姻の有効性の基礎となっている。すなわち、婚姻障害の不存在（A）、一定の人々の同意（B）、婚資の設定（C）、法的方式の尊重（D）である。

A　婚姻障害

婚姻障害は多数ある。それらは二つのカテゴリーに分類することができる。或るものは恒常的な性格を有しており、他のものは一時的なものにすぎない。

（1）恒常的な婚姻障害

これらの障害は血族関係、姻族関係、および呪詛の誓約に関連している。

血族関係

先ず問題となりうるのは血による血族関係、すなわち婚姻に由来する血族関係である。この規範はクルアーンに述べられている。『汝らの娶ってならぬ相手としては、自分の母親、娘、姉妹、父方の叔母に母方の叔母、兄弟の娘に姉妹の娘』（クルアーン四章二三節）。この一節の意味は明白であり、イスラームの全ての法律によって常に適用されている。従って直系血族に関しては、婚姻は無限に禁止されている。しかし、クルアーンは娘の娘については何も述べていない。原則として女性を通じての全ての血族関係を排除する家父長制度において、直系血族との婚姻の禁止は、娘の娘については適用されないと考えられるかもしれない。しかしながら、イスラームの法学者はクルアーン四章二三節における禁止を、女性を通じての血族関係にまで及ぼしており、このことはまさにこの禁止が血に基づくことを示している。

次に問題となりうるのは乳による血族関係である。なぜならイスラーム法において授乳は乳児と乳母およびその夫との間に真の血族関係を生じさせるからである。法律上、乳児は乳母の子とみなされ、乳母の夫は乳児の父とみなされている。それ故、乳は血と同一視されている。婚姻の禁止を生じさせるために必要な授乳の時期や回数に関し、学派間において差異がみられる。このように乳によって生じる血族関係は婚姻に由来する血族関係と同じ障害を生じさせる（クルアーン四章二三節）。現代のあらゆる法典はこの決定的な婚姻障害を維持してきた。

イスラーム以前の時代には養子縁組による血族関係も存在した。養子は養父の息子になり、また養子たる息子の妻は養父の嫁とみなされた。従って、そこには姻族関係が生じ、このことから、養父は息子たる養子の先妻を妻とすることはできなかった。クルアーンは、ムハンマドが自分の元の嫁（養子の先妻）を妻とすることを許した（クルアーン三三章三七節）ことから養子制度を禁止しているものとみなされ、この時代からもはやイスラーム法には養子制度は存在しない。

現代の法律はチュニジア法を唯一の例外として、養子制度を今日敢えて再導入するようなことはしなかった。養子縁組はただ或る種の慣習によってのみ実践されてきた。

直系姻族

夫に関しては、婚姻が正式に取り決められた妻の母、または妻の連れてきた娘との婚姻は禁じられている。そしてその禁止は、妻の死または離縁による婚姻解消以後でさえも続いた。しかしながら、妻の連れてきた娘に関しては、まだ婚姻が成就されていないうちは、妻の娘との婚姻禁止は消滅する（クルアーン四章二三節)。妻に関しては、たとえ婚姻が成就されなかった場合でも、婚姻の解消後、夫の父または夫の息子との婚姻を禁じられた。

不正な性的関係

不正な性的関係もまた血族関係と類似の状況を引き起す。乳と同じように、人間の精液は血と同じ役割を果たすからである。また不正な性的関係によるこの婚姻障害はリアーン(*li'ān*)において制度化されている(第二章第二節参照)。すなわち、マーリキー派、シャーフィイー派、ハンバリー派の三法学派と非正統派であるシーア諸学派においては、妻が不正な性的関係を持った場合、夫によって宣言される五つの呪詛の誓約の結果生じる夫婦の分離は恒常的な婚姻障害をもたらす。つまり、その夫婦は互いに再婚することができない。それに反して、ハナフィー派ではこの婚姻障害は一時的なものとされている。

(2)一時的な婚姻障害

この種の婚姻障害は非常に多い。或るものは直接宗教に由来し、他のものは社会的政治的配慮に応えるものである。

配偶者の一方がイスラーム教徒でないこと

イスラーム教徒は異教徒の女性を妻とすることはできない。この規範はクルアーンに述べられており明白である。『汝ら、邪宗徒の女を娶ることはならぬ、彼女らが信者になるまでは。』(二章二二一節)。しかし、イスラーム教徒は啓典の民であるキリスト教徒やユダヤ教徒の女性(キタービーヤ *kitābīya*)を妻とすることはできる。すなわち、啓典の民は旧約聖書や新約聖書を基礎とする宗教の信者だからである（クルアーン五章五節）。イスラーム教徒の女性は、逆に、非イスラーム教徒の男性との婚姻を禁止されている。宗教を伝えるのは夫のみだからである。

現代においては、一九五八年のチュニジア法典を除いて、全ての法典がこの禁止を採用している。しかしながら、チュニジア法典に何の記載もないことは、当該禁止規範の廃止を意味するものではない。この規範はチュニジア法典に先立って存在し常に適用されている基本原理だからである。シーア派はユダヤ教徒やキリスト教徒の女性との継続的な婚姻の全ての可能性を排除した。シーア派はこの種の姻族関係を後述の一時婚の場合にしか認めていない。

四重婚

イスラーム教徒にとって正妻は四人に限定されており、それ故自らが所有する四人の中の一人をあらかじめ離縁していなければ、五人目を娶ることは禁止されている。四人の妻を得た事実は五人目の女性と婚姻をすることの一時的な障害となる。この規則はクルアーンに述べられており（四章三節）、大部分のイスラーム諸国において実定法となっている。

傍系姻族

クルアーン（四章二三節）は、姉妹関係にある二人の女性との婚姻を男性に禁じており、そして幾つかのハディースは、その禁止を二人の女性が叔母と姪の関係にある場合にまで拡張している。この二つの異なったテキストを根拠にして、法学者たち（フカハー *fuqahā*）は全ての学派によって認められている以下の原則を引出した。それによれば、男性は二人の女性が次のような関係にある場合は、二人を同時に妻とすることはできない。すなわち、「仮に二人のうち一人を男性としたときに、女性が相手の男性と血族関係を理由に婚姻することができない」場合である。姉妹関係にある二人の女性や伯母と姪の関係にある二人の女性と同時に婚姻をすることができないのは、もし一人が男性であったなら、両者の婚姻は不可能であるはずだからである。それに反して、二人の女性が実のいとこの関係にある場合は、男性は二人の女性と同時に婚姻をすることができる。というのも、実のいとこ関係にある男女は婚姻をすることができるからである。現在実定法として存続しているこの禁止は、二人の女性の一方との婚姻の解消によって消滅する。

イッダ（*'idda*）

イッダは、婚姻が離縁によって解消されようと、裁判所による離婚もしくは夫の死によって解消されようと、婚姻解消後に女性に課せられた禁欲期間（retraite de continence）を意味する。離縁された女性、離婚した女性そして寡婦に課せられたイッダは、血統の混乱を排除するためのもの、すなわち、第二の夫が女性と前夫の間に生まれた子の父になってしまうことを避けるためのものである。ここから次の三つの結論が生じる。

—離縁された女性や離婚した女性は、既に婚姻が成就しているときにのみイッダに服する。

—女性がイッダに入っていても、イッダが満了する通常の期日以前、すなわち三ヵ月の期日満了以前に出産した場合は、女性はイッダから開放され再婚することができる。『女が妊娠している場合には、その期限は胎のものを生み落とした時とする』（クルアーン六五章四節）。

—離縁された女性や離婚した女性がイッダ期間中に再び前夫と婚姻をすることを望む場合は、これを阻止するものは何もない。このときは血統の混乱の恐れはありえないからである。

寡婦にイッダが課せられるとき、この寡婦は一定の期間夫の思い出に敬意を表す態度をとらなければならないと考えられている。それ故クルアーンは、たとえ婚姻が成就されなかった場合でも、寡婦に四ヵ月と一〇日間のイッダを課している(二章二三四節)。離縁された女性や離婚した女性にとって、イッダは月経のない期間の三周期に相当する（クルアーン二章二二八節、六五章四節）。たとえその者が婚姻不適齢者あるいは閉経した者であっても同様である。

婚姻障害を無視して婚姻契約が締結された場合には、この婚姻は無効である。もしこの婚姻が成就されるようなことがあったら、妻は永久にその夫との婚姻を禁止される。すなわち、新しい婚姻は、通常のイッダの満了後ですら、そして女性が妊娠していないという事実が確認された後でも成立しえない。

現代の法典は、その法文の中にクルアーンの規範を取り入れながらイッダについて詳しく規定している。

取消し不可能な完全な離縁（*bā'in*）

三種類の離縁がある（第二章第一節参照）。すなわち、離縁には、取消し可能な離縁、（婚姻が成就されていない場合の）取消し不可能な不完全な離縁、取消し不可能な完全な離縁がある。この最後の離縁には、一連の三回の離縁宣言から生じるものと、一度の宣言に一連の三回の離縁宣言を含ませる、いわゆる三回分の離縁（répudiation triple）から生じるものとがある。女性が後者の離縁の対象となったときは、先ず別の男性と婚姻をし、そして次に法律上その男性と離別しない限り、自分を離縁した前夫との婚姻は禁じられている。従って、この一時的な婚姻の禁止は前夫にのみかかわるものである。クルアーン（二章二三〇節）は別の男性との婚姻契約の締結とその解消を要求しているだけである。スンナは婚姻の成就を要求することによってこの節を補完した。もし第二の婚姻が見せかけの婚姻である場合は、前夫との婚姻障害は依然として存続する。つまり、その婚姻障害は第二の婚姻が成就した上で解消されることによってのみ取り除かれる。

イスラーム諸国の大部分の現代法は、クルアーンの文言に従ってこの制度を規定している。

致命的な病気

この婚姻障害は、病気の婚約者が死の危険にさらされ末期にあり、従って知的にも精神的にも弱くなっているとみなされる限り存続する。もしその病人が回復すれば婚姻は有効となり、事実夫はもはや病気中に婚姻をしたとはみなされえない。この婚姻障害を認めているのはマーリキー派とシーア派の法のみであり、その理由は普通なら死によって終わる病気に冒された病人の相続財産を守るためである。

B　婚姻の同意と婚姻強制（ジャブル *djabr*）の権利

（1）ジャブルの定義

原則的に、婚姻適齢に達した全ての者は婚姻への本人の同意が必要とされている。そしてこの同意は特定の人々（父、遺言によって指名された後見人、尊属）の同意によって補完される必要はない。婚姻適齢に達した未成年者の場合、たとえその者が自分の財産を自由に処分できないとしても、これらの人々の同意は必要とされない。それ故、二つの成年が存在する。一つは身体に関する成年であり、もう一つは財産に関する成年である。前者の成年は、まさに婚姻適齢に達している事実それ自体によって取得されるが、婚姻適齢に達していることを前提とする後者の成年は、原則として能力の証明か宣言によってのみ取得される。

婚姻適齢に達していない者に関しては、精神薄弱者（*safih*）や心神喪失者と同じように、本人に相談することなく、更に本人の反対を無視して婚姻をさせることができる。要するに、このジャブルの権利によってこの者に「婚姻を強制できる」ことになる。この権利の根拠はクルアーンやスンナの中には見出されない。これはイスラーム以前の時代の制度であり、学説と判例がその制度の実施と合法性を認めてきた。

（2）ジャブルの正当化

先ずジャブルの利点は、子にとって有利になりうる婚姻の利益を、婚姻適齢に達する前から確保しておくことにある。次にジャブルは、幼児期から子のために新たに家庭を創設することによって、子を将来の家族と結びつける。最後にジャブルは、婚姻適齢に達したらすぐに子孫を作れる状態に若者を置くことによって、多くの子が生まれることを可能にしている。これこそジャブルの真の役割であり、好戦的な遊牧民社会における問題の重要性を考慮したものである。その社会では、死亡率が高く、その結果、子孫誕生を助長することに大きな関心があったからである。従って、ジャブルは家父長制家族制度の延命策として正当化される。

（3）ジャブルの法的性格

学説は、ジャブルにウィラーヤ（*wilāya*）すなわち保護権としての性格を認め、ルブービーヤ（*rubūbīya*）すなわち支配権としての性格を認めていない点で一致している。ジャブルの権利の保持者は、自分自身の利益のためではなく、子の利益のためにのみこの権利を行使しなければならない。もしジャブルの権利の保持者が権利を濫用して、子に不利な婚姻を強制したり、または有利と思われる婚姻を子に対して拒否したりすれば、その子と何らかの関係があり、その子の利益を気づかう全ての人は、そしてまたその子自身も、裁判官に訴えてジャブルの濫用を防ぐために仲介を要求する権利がある。人民訴訟のこの事例は、イスラーム法の様々なテキストによって認められている。

（4）ジャブルの権利の保持者

この権利は、子の性別にかかわらず、先ずその父に帰属する。父がいない場合には、学派が異なるに応じて多様な解決策が提示されている。シャーフィイー派においては、この権利は父方の祖父ないし曽祖父に帰属し、マーリキー派においては、遺言の中で父が指名する後見人に帰属する。遺言後見人がいない場合には、その特権は裁判官に帰属することになる。そして、ハナフィー派においては、この権利は子の男系の男性親族に相続権の順に帰属する。

現代の立法はこれら古典的な規則を著しく変更した。ハナフィー派の諸国では、ジャブルの権利は暗黙のうちに廃止された。現代の重要な法典はどの場合も、婚姻のための最低年齢を課しており、それ以下の年齢の婚姻は全く不可能となった。これに反し、心神喪失者は、婚姻がこれらの者にとって有益になりうるであろうと精神科医がみなしたときは、今でもシャブルの権利に服している。この場合、婚姻を強制する後見人の役割を果たすことになるのは裁判官である。身分法を法典化したマーリキー派の諸国では未成年者の婚姻は廃止された。しかし、裁判官は必要な場合には法律によって定められた年齢以下の者の婚姻を許可することができる。成人女性に関しては、モロッコ法は一九九三年まで、女性が一人で適切に行動できない恐れのある場合、ジャブルの権利の行使を認めていた。二〇〇四年のモロッコ新家族法典は、成人女性に関し、婚姻について女性の同意を必要とする婚姻後見でさえ廃止した。この後見は、アルジェリア、リビア、モーリタニアの法典の中では存続している。これらの国々では、今なお、女性は自分の婚姻契約を締結できない。このことを配慮する責任は後見人（ワリー *walī*）に属するが、この後見人は婚姻を強制できず前もって女性の同意を得ていなければならない。

C　婚資（*ṣadāq* ないし *mahr*）

婚姻は全て婚資を前提とする。婚資はマーリキー派では婚姻の有効性の必要条件であり、その他の学派においては婚姻契約の効力として生じる義務である。イスラーム以前の時代においては、婚資は婚姻を交渉した親族のものになった。しかし、ムハンマドが女性の境遇を改善し、クルアーン四章三節および二五節において、婚資は女性に属することが明確に規定されている。女性が後見に服していない限り、婚資を受ける資格を有するのは女性である。後見に服している場合には、婚資の総額を受け取りそのことを報告するのは女性の法定代理人である。婚資は額が確定していて、相当額でなければならず、かつ、現実に支払われなければならない。

全ての婚姻は確定した額の婚資を前提とする

婚姻の取決めが、女性は何らかの婚資を受け取るだろうと述べているだけでは十分ではない。取決めは婚資の額を確定しなければならない。さもないと婚資は取るに足りないものとなる恐れがあり、あたかも女性に婚資が与えられなかったのと同様のことも起こるであろう。しかしながら、マーリキー派においては次のことが認められている。夫婦は、婚資の額が夫婦あるいは夫婦が指定した第三者によって婚姻後に確定されることを取り決めることができる。この場合、妻は婚資の額が決められない限り夫を拒むことができるし、婚姻の無効を要求することもできる。もし妻が婚姻の成就以前に婚資の額を不注意にも確定させておかなかった場合には、婚姻成就後は婚姻無効の要求は排除され、妻には、慣習上の金額と同等（***mithl***）の婚資、すなわち、自分の家族の女性や自分と同じ身分の女性に支払われていた婚資の額と釣り合った額の婚資を要求する権利がある。

その他の学派によれば、婚資の額が定められていなかった婚姻であっても、瑕疵ある婚姻ではない。妻は、婚姻の成就の前であれば、示談によりあるいは裁判官の判決により婚資の額の確定を要求する権利を常に持つことになる。そして、実際に妻が額を確定しておく注意を払わずに婚姻の成就に応じてしまった場合には、マーリキー派におけると同様に、慣習上の婚資と同等の婚資を要求する権利を持つことになる。

全ての婚姻は相当額の婚資を前提とする

婚資は取るに足らない額であってはならない。相当額の婚資を前提としていない場合には、婚資は存在していないのも同然であり、ただ見せかけの婚資にすぎない。シャーフィイー派とハンバリー派は、法によって婚資の最低限度額を定める見解を拒絶しているが、それに対しマーリキー派とハナフィー派の学者は、婚資が最低限四分の一ディナール（金貨）と同等であるときには、婚資は正式に成立したと考えている。だからといって、女性が四分の一ディナールの婚資を受け取った場合、イスラームの婚姻のどれもが有効かつ正式なものになるわけではない。学者が主張することは、妻になる人の身分がいかに低かろうとも、夫になる人がいかに貧しくとも、婚資は少なくとも四分の一ディナールは必要であるということである。いずれにしても、全ては夫婦それぞれの状況による。婚資は妻の社会的身分と夫の財産状態とに釣り合ったものでなければならない。女性は自分の家族や自分と同じ身分の女性たちの婚資と少なくとも同等の婚資を受け取らなければならないというのが規則である。

全ての婚姻は現実に支払われた婚資を前提とする

婚資は架空のものであってはならない。女性が婚資を受け取り、その額が高額であったとしても、それが単に見せかけにすぎないこともありうる。見せかけの婚資しかない場合には、その婚姻は瑕疵あるものとみなされる。相殺による婚姻（*shighār*）が無効であると説明されるのはそのためである。娘の父が、娘のために例えば五〇〇ディナールの婚資を定めて娘を嫁がせ、その見返りに娘の求婚者が同額の五〇〇ディナールで娘の父に自分自身の娘を嫁がせる場合、そこに相殺による婚姻が成立する。この二つの婚姻には、金額の確定された相当額の婚資の約定が存在する。しかし、契約当事者はそれぞれ五〇〇ディナールの債務者であることから、この二つの債務は相殺されて、現実にはいかなる支払いもなされない。ところで、婚資は女性に帰属し女性に与えられるべきものであるが、この場合にはいずれの女性にも現実には婚資は与えられていない。その利益は夫にして父である二人の各々にもたらされる。そこでは、女性の個人的交換が行われたのであり、それはきわめて古い形式の家長による婚姻の名残である。マーリキー派、シャーフィイー派、ハンバリー派およびシーア派では、このような婚姻は次のハディースによって無効とされる。すなわち、「婚資のない婚姻は、たとえ二人の父が自分の娘を相互に与え合って嫁がせても、無効である」。ハナフィー派はこのような婚姻を瑕疵あるものとはみなしていない。このような場合、ハナフィー派では婚姻をした女性の各々に慣習上の金額と同等の婚資が与えられる。

身分法に関する現代の法典と法律は婚資の制度について詳細な規定を設けている。ハナフィー派の影響を受けている諸法典は、婚資に婚姻契約の効力として生じる義務の性格を持たせている。従って婚姻契約は、婚資の問題について何も触れていなくてもよいし、婚資の明白な排除を契約に含ませることもできる。これら婚資に言及しなくても、または婚資を排除しても、慣習上の金額と同等の婚資を妻に付与すること以外のいかなる結果も生じない。これに反して、マーリキー派の影響を受けた諸法典は、婚資を婚姻の構成要素にしている。いずれにしても、今日では全ての学派が、婚資には最低限度額が必要であるという原則を放棄することで一致している。婚資の問題に対して学者たちによってなされてきた長期にわたる理論的展開が法典化されなかったことは確かである。今では諸法典の条文は多くの場合、例えば二〇〇四年のモロッコ法典のように、「法律上債権債務関係の対象になりうるものは、全て婚資（サダーク）となりうる」と規定するにとどめている。

D　婚姻の方式

婚姻の同意の交換は二人の証人の面前で行われなければならない。二人の証人の立会は、婚姻が成立するために必要な正式の手続である。なぜならば、証人の立会は単に証拠のためだけに必要とされるわけではないからである。それ故、証人なくして締結された婚姻契約は無効とされる。

法律に従った同意の交換

同意は、それを与える資格のある人（契約当事者あるいは代理人）から発せられただけでは十分ではなく、以下の四つの規則に従って与えられなければならない。

—婚姻の同意は口頭でなされなければならない。宗教上の特別な宣言は必要ない。発せられた言葉が明白であり、かつ契約当事者の意思に疑いが何もなければそれで十分である。

—同意は代理人によって与えられることができる。この場合、代理人は口頭で同意しなければならない。この代理行為はマーリキー派の女性には義務として課せられている。

—同意は無条件でなければならない。婚姻に関し、スンニー派は停止や消滅の期限を認めておらず、停止条件や解除条件も認めていない。しかし、これ以外の全ての取決めは、それらが婚姻の本質に反しておらずイスラーム法の禁止規定に反していない限り適法である。それ故、正統派であるスンニー派の人々は婚姻において様々な義務を取り決めることができ、義務の不履行の場合婚姻の解消を要求できる。これに反し、非正統派であるシーア派は期限付きの婚姻を認めており、これは今でもイランの実定法になっている。

—配偶者の同意が錯誤や暴力による場合、その配偶者は婚姻の無効を要求することができる。人の身体に関する錯誤は、法律で制限的に定められた特定の欠陥が問題になる場合にのみ考慮される。人の精神的資質に関する錯誤は、その資質が契約の特別な取決めの対象になっていた場合にのみ、その同意を瑕疵あるものにする。

二人の証人の義務的な立会

この二人の証人は、婚姻適齢（学派によって一五歳ないし一八歳）に達し、自由人でなければならず（すなわち、奴隷であってはならない）、健全な精神を持ったイスラーム教徒の男性でなければならない。証人は必ず同意の交換に立ち会わなければならない。この立会は、婚姻の成立に必要な唯一の正式な手続である。

二　婚姻の無効

イスラームの婚姻の無効は、婚姻が有効であるために必要な四つの条件、すなわち、婚姻障害の不存在、婚姻の同意、婚資および方式のうちの一つが欠如することによって生じる。この原則を前提にして、バーティル婚（*nikāḥ bāṭil*）とファースィド婚（*nikāḥ fāsid*）を区別する必要がある。前者の無効な契約は、本質的に正常でない契約である（A）。後者の不完全な、すなわち瑕疵のある契約は、本質的には正常であるが、外的事情の効果によって、法的行為そのものが正常であることを停止した契約である（B）。

A　無効な婚姻（バーティル婚）

婚姻が無効とされる場合

婚姻は、以下の六つの場合には絶対無効により存在しないものとされる。

―婚姻を禁じる法的障害が存在すること。すなわち、授乳による血族関係、婚姻禁止の親等となる親族関係、同時に二人の姉妹と締結された婚姻あるいは配偶者の姉（妹）との婚姻。

―前の婚姻が存続している結果、配偶者の一方が婚姻不可能であること。（既に四度の婚姻をしている夫。既に婚姻している妻。イッダ期間中にある女性、すなわち、イッダが完了しない限り前の婚姻から解放されない女性）。

—期限付きの婚姻（*nikāḥ al-mut'a*）。勿論、シーア派はこの限りではない。

—三回分の離縁宣告（改革された離縁）によって離縁された女性と、離縁したその夫との婚姻。

—重病人と締結された婚姻。

—多神教徒（偶像崇拝者）の女性とイスラーム教徒の男性との婚姻、あるいはイスラーム教徒の女性と異教徒の男性との婚姻。シーア派においては、キタービーヤ（ユダヤ教徒ないしキリスト教徒の女性）とイスラーム教徒の男性との継続的な婚姻。


全ての場合において、婚姻の無効は治癒されることはありえず、裁判官は、婚姻が成就されていたか否かにかかわらず、婚姻の無効を宣告しなければならない。この場合、離縁の必要はない。婚姻関係が法律上存在していないことから、離縁の対象となるものも存在しないからである。婚姻を終わらせるには裁判官の宣言だけで十分である。これに対して同意に瑕疵のある婚姻は、絶対的に無効とされる婚姻の範疇には入らないということに注意しなければならない。同意に瑕疵のある不正規な婚姻は、実際、婚姻の無効を求める資格のある人の追認によって治癒されうる。そしてこれは明示の追認であっても、黙示の追認（婚姻の成就、一定期間の不作為など）であってもよい。

婚姻が無効であることから生じる効果

無効な婚姻からは夫婦間の相続権は生じない。これが無効な婚姻の主たる効果であり、その他の効果は婚姻が成就しているか否かによって決まる。

—婚姻が成就している場合は、女性はイッダに入る。子がいれば、夫がその父とされる。婚資の額が確定している場合は、女性は婚資の全てに対して権利がある。婚資の額が確定していない場合は、夫は女性に対して慣習上の金額と同等の婚資を支払わなければならない。無効な婚姻は一方の配偶者と、他方の配偶者の親族との間の婚姻障害となる。

—婚姻は成就していないが、婚資の額が確定している場合は、女性には婚資の半分の権利がある。逆に、契約において婚資の額が確定していない婚姻（*nikāḥ al-tafwīḍ*）の場合は、女性は何も要求できない。

B　不正規な婚姻（ファースィド婚）

婚姻が不正規とされる場合

これは数多く存在し、主に以下の場合である。これらは学者たちによって「婚礼の贈り物の瑕疵」とよばれている。すなわち、婚資が法による最低限度額に満たない場合。婚資が現実に支払われておらず、単に架空のものでしかない場合。婚資の支払いの指定期限があまりにも長い（例えば五〇年）か、あるいは未払い金の支払いの期日が指定されていない場合。婚資を支払わないことが契約に明示されている場合。婚資が商取引の対象にならないもの（例えばワイン）で構成される場合。婚資が相殺による婚姻によって相殺される場合。

婚姻が不正規であることから生じる効果

これは婚姻が成就しているか否かによって異なってくる。

婚姻が成就していない場合、婚姻が不正規であることは次の五つの効果をもたらす。①夫婦の関係は断たれ、この場合、女性にはイッダに入る義務はない。②婚資の支払い義務はない。③婚姻の解消は判決によってではなく、夫が裁判官の命令に基づいて宣言する離縁によって成立する。④婚姻を目的として夫が与えた贈り物は、それが未だ残っている場合には夫に返還される。⑤離縁の前に配偶者の一方が死亡している場合には、生存者が相続することになる。

婚姻が成就されている場合、不正規な婚姻からは二つの効果が生じる。婚姻が不正規であることは治癒され、違法な事実は存在しないものとみなされる。婚資が違法な場合には、妻が婚資の全部ないし一部を既に受け取っているときは、婚資は夫に返還されなければならない。それに代えて、夫は適切な婚資、すなわち慣習上の金額と同等の婚資を設定しなければならない。

現代の諸法は婚姻の無効に関する制度およびバーティル婚とファースィド婚の古典的な区別を保持している。しかし、学派間には今なお大きな相違点があり、各々の学派の内部においてもこの制度は国によって異なり統一されてはいない。とりわけ、北アフリカにおいてそうである。

三　婚姻の立証

イスラーム法においては、証言による立証が通常の立証方法である。問題となっている利害関係の重要性がどのようなものであろうとも、証言による立証は、これ以外のあらゆる立証方法を打破するために使用されうる。従って、イスラームの婚姻は原則として、婚姻の同意がその面前で交わされた人々の証言によって立証されなければならない。これらの証人は、前に述べたように、婚姻適齢に達し、自由人でなければならず、健全な精神を持った、尊敬に値するイスラーム教徒の男性でなければならない。

証人の人数は二人でなければならない。従って、唯一人の証言では完全な法的立証にはならない。証言の価値と証人の信望がどのようなものであれ、唯一人の証言は立証の始まりでしかない。婚姻の同意が、将来の配偶者以外の者（例えば、マーリキー派の女性を代理するジャブルの権利を持つ後見人）によって与えられた場合、この者は婚姻の証人の一人とはみなされえない。婚姻は原則的に直接的証言によってのみ立証されうる。ところで、この証言は、二人の証人のうち一方ないし双方の不在や遠出や死亡によって、あるいは能力制限を受けていることによって、しばしば実現不可能なことがある。それ故、イスラームの学者たちは、幾つかの補充的な立証の方法を承認せざるをえなかった。もっとも、その方法は学派によって異なり、婚姻祝宴の証人、風評ないし伝聞証拠、婚姻を確認する書面、当事者の誓約や告白などが挙げられる。

第二節　婚姻の効力

イスラーム以前の時代には、妻の法律上の地位は非常に厳しいものであった。夫の死亡により妻は夫の最近親の相続人へと移された。夫の相続人は、その女性を自分の妻にすることも、他人と婚姻させることもできた（クルアーン四章一九節）。夫の優越を肯定しながらも（クルアーン二章二二八節、四章三四節）、ムハンマドは、既婚の女性の法的地位に著しい変更をもたらした。その改革のおかげで、妻は夫の人格から独立した別個の法的人格を得ることになった。それ以後妻は、もはや婚姻により無能力を課せられることはなく、固有の財産を所有する。

行為能力を認められたことから、妻は夫の許可なく財産を取得すること、それを譲渡すること、債権者になること、そして裁判所に出廷することができる。更に、イスラームの婚姻はいかなる財産の共有をも配偶者間にもたらすことはない。動産でさえそうである。婚姻以前に妻が自分の財産を管理していた場合、妻はその管理権を保持し続ける。婚姻時に、妻が後見に服している場合、婚姻によって妻が後見から解放されることはない。つまり、妻の財産を管理するのは夫ではなく後見人である。しかし、もし妻が婚姻の前に成年に達していて、しかも自分の財産を所有していたならば、妻は既婚女性として財産を所有し、管理し続けることができ、この場合には夫の許可を得る必要はない。更にまた、妻は自分の収入に関する処分権を保持し、その収入に関してはいかなる報告の義務もない。夫は、妻の収入の一部を生計費の支払いに当てるよう妻に要求する権利を持たない。すなわち、妻の財産状態がどうであろうとも、生計費はもっぱら夫が負うことになる。しかしこの規則には、マーリキー派の法においてのみ例外が存在する。すなわち、既婚女性は夫の許可なく生前贈与によって、あるいは、もっぱら第三者の利益になるような保証契約によって自分の財産の三分の一以上を処分することはできない。以上のことを前提として、夫（一）と妻（二）は婚姻の効力として互いに幾つかの義務に服することになる。

一　夫の義務

夫の義務は六つに分けられる。すなわち、同居の義務（A）、夫婦生活の義務（B）、夜の平等な分配の義務（C）、妻を扶養する義務（D）、虐待や暴力を差し控える義務（E）、妻とその家族の相互的な訪問を認める義務（F）である。

A　同居の義務

夫は妻と同居しなければならない。妻が婚姻の成就を受け入れることのできる状態にあるならば、夫は、妻が自分に引き渡されるよう要求すべきであり、反対の取決めが存在しない限り、妻を自分の住居へ連れてこなければならない。妻が婚姻適齢に達しているにもかかわらず、夫が妻に同居を要求していない場合、夫は妻を受け入れるよう催促されることがある。夫婦の住居へ妻を迎え入れた後は、夫は妻を住居に放置し、長期間不在にすることはできない。もし不在が短期間であったとしても、それを頻繁に繰り返すことはできない。不在が頻繁に繰り返された場合には、妻は放置されたと主張する権利があり、苦情を申し立てることができる。また夫の不在に正当な事由がない限り、たとえ夫が自らあるいは家族を通じて妻を扶養しているとしても、妻は婚姻解消を主張することができる。妻は夫の不在について、それが夫の意思によらないものであっても、夫に正当な事由がないならば、それに対し苦情を申し立てることができる。夫が収監されている場合も同様である。従って、ここで唯一議論の対象となっているのは、妻が離婚を請求しうる夫の不在期間はどれくらいのものでなければならないかという論点である。一部の人々は五年間であると主張しているが、一般的には二年間で十分であるとされている。

最近の立法は、この点に関する様々な規範を実定法として定めている。

B　夫婦生活の義務

夫は婚姻を成就させなければならない。妻が婚姻契約締結時には夫の性的欠陥（例えば、夫の去勢または性的不能）の存在を知らず、そのような欠陥の故に婚姻が未だ成就していないと苦情を申し立てる場合には、妻は婚姻の解消を要求する権利を有する。しかし、妻の申し立てた夫の性的欠陥が、一過性の原因ないし消滅可能な原因によるものであるときは、裁判官は夫の性的能力発現のために一年の猶予期間を夫に与えなければならない。この期日満了時に妻が処女であることが確認された場合は、夫の性的不能が立証されたものとみなされる。婚姻契約締結時に、妻が例えば既婚者であったために処女でなかった場合には、この一年の猶予期間満了時に、夫に宣誓が要求され、夫はこの期間に性的能力が発現したことを断言するよう催告される。夫が宣誓を行うと、その宣言は性的能力の発現を立証し、妻の要求は却下される。もし、夫が宣誓を拒否すると、妻に宣誓が要求される。妻が宣誓を行うと、夫の性的不能が立証されたものとみなされる。その時点で妻の要求が認められ、婚姻の解消が宣告される。マーリキー派やハンバリー派やシーア派では、夫婦生活の義務は婚姻が成就すればよいということではない。その後も、夫は夫婦生活の義務を果たし続けなければならない。シャーフィイー派やハナフィー派においてはこれと異なり、夫はあくまで婚姻の成就に対してのみ義務を負う。妻には夫から敬意を払われる権利はあるが、夫は妻に敬意を示し続けさえすればよく、夫婦生活は義務付けられていない。すなわち、夫が妻に当然なすべき訪問をしてさえいればたとえ性的関係を全て止めてしまっても、妻には苦情を申し立てる権利はない。

現代の諸法典はこれら異なる解釈をそれぞれ暗黙のうちに認めている。

C　夜の平等な分配の義務

夫は、複数の妻を持つならば、その妻たちの間で夜の平等な分配を行わなければならない。ここで言われているのは、夫の寵愛の分配ではなく、妻たちに充てられる時間の分配である。法は、一人の妻の所に他の妻の所よりも長くいないこと、妻たちに同じ長さの時間を充てること、すなわち、同じ思いやりを妻たち各々に示すことだけを夫に命じている。「夜」という語は特殊な意味で理解されなければならない。それは、我々が夜とよぶもので始まる二四時間の経過を意味しており、日没と夜明けの間に流れる時の経過を意味するわけではない。要するに、一夫多妻制は夫が尊重しなければならない交替の順序の設定を暗黙の前提にしている。

一夫多妻制は、現代の立法者によって（チュニジアを除いて）至る所で維持されているが、これらの立法者は、妻たちの間での夜の分配の義務についてあえて規定を設けようとせず、「近代的な」諸法典の中では時代錯誤と考えられそうなこの規則を、学派における支配的意見や永続的な判例に委ねている。

D　妻を扶養する義務（ナファカ *nafaqa*）

夫は、妻の財産がどうであれ、生活費を確保するために妻に働くことを強いる権利を持っておらず、妻を扶養しなければならない。いかなる場合にも、夫は妻に生計費を分担するよう要求することはできない。

扶養の開始時点と継続期間

夫は婚姻契約の締結時から妻を扶養しなければならないのであろうか。あるいは、婚姻が成就された時点ではじめて扶養義務が生じるのであろうか。扶養の開始時点に関しては学派の見解は一致していない。マーリキー派によれば、夫に扶養義務が課せられるのは婚姻成就以後である。これに対して、他の学派では、夫は婚姻契約の締結時から扶養義務がある。この義務は婚姻が存続する限り続き、婚姻が解消されるや否や夫にはこの義務がなくなる。この原則には四つの例外がある。

―妻が取消し可能な離縁をされた場合、妻は扶養を請求する権利がある。なぜなら、婚姻はイッダの期間中存続しているとみなされているからである。

―婚姻が離縁によって終了し離縁された妻がイッダに服している場合、そしてこの離縁が妻の落度に帰せられない場合には、クルアーン（二章二四一節および六五章六節）に従いイスラームの学者は、イッダ期間中夫の費用で居住し食料を与えられる権利を妻に認めている。妻が妊娠していたことがイッダ期間中に明らかとなった場合、あるいは妊娠によってイッダが通常の期間以上に延びている場合には、クルアーン（六五章六節）に従い、妻は更に扶養を請求する権利を有する。

―離縁された妻が夫との間にできた子に授乳している場合は、クルアーン（六五章六節）に従い、妻は授乳が続く間食料と扶養を請求する権利を有する。

―マーリキー派においては、クルアーン（二章二四〇節）に従い、イッダ期間中寡婦は相続財産を使って、あるいは夫の相続人の費用で居住する権利を持つことが認められている。

現代の法典は、扶養を受ける妻の権利に関して二つの問題を取り扱っており、先ず、妻が不服従の態度（別居、夫婦生活の拒否）を示した場合には、もはやナファカを支払わなくてもよいとする権利を原則として夫に対し認め、次に、離縁する際の扶養期間を定めている。ハナフィー派の影響を受けた全ての法典はこの学派の教説を保持する。これによると、離縁された全ての妻には、その離縁が取消し可能であろうとなかろうとナファカを請求する権利があるが、夫の扶養義務の期間は国により異なる。北アフリカの国々の法典はマーリキー派であるが、法典の間にはその規定に大きな相違がみられる。

扶養は何によって構成されているか

扶養の対象は、食料、住居、衣服および身の回りの品々である。妻は自分が消費しうる食料の全てを請求する権利があるが、それ以上の食料は要求することができない。夫婦が裕福で非常に高い身分でない限り、夫は自分の住まいとは別の住居を妻に与える義務はないが、少なくとも数室からなる住居あるいは別個の一部屋を与えなければならない。夫はそれぞれの妻に対してこの義務を負い、妻たちに共同生活を強いることはできない。家具類は夫が負担し、妻の社会的な地位や身分に相応しいものでなければならない。更に、妻には一年に二種類の衣服（冬服と夏服）を請求する権利があり、その衣服の価格や生地は、夫の財産、妻の身分およびその地方の慣例によって決められる。

現代の諸法典はナファカの内容について詳述している。制度の輪郭が明確に示されているとは決して言えないが、それでも様々な問題が詳細に取り扱われている。ハナフィー派の国々におけるナファカの総額は今なお一般的に「妻の財産状況がどうであろうと、夫の財産に従って」定められている。北アフリカの新しい立法では、古典的なマーリキー派にきわめて近い立場が採られており、ナファカの総額は単に夫の財産によるだけでなく「妻の財産状況」によっても決定される。

夫が扶養義務を果たさないとき、妻が夫の所有する財産に対し強制執行の処分に訴えることを望まない限り、婚姻の解消を要求する権利が妻に生じる。これはハナフィー派を除く全ての学派により認められた規則である。ハナフィー派の支持者によれば、妻は、夫の負担で代金後払いにより食料を購入したり借金をしたりする許可を裁判官に求めることができるにすぎない。

しかし現代では、この古典的な解決方法はハナフィー派の国々においても退けられ、これらの国々の法典は、夫が義務を果たさないときには裁判官に離婚を請求することを妻に認める一般的な規則を採用した。

E　虐待や暴力を差し控える義務

夫は、真に重大な性格を帯びたあらゆる虐待を妻に対して差し控えなければならない。注釈者たちは、クルアーン（四章三四節）を基礎として、夫によって行われた暴力が合法となるのは、その暴力が妻の振舞いによって惹き起され、更に暴力が軽度である場合に限られると考えるに至った。それ故、暴力が過度の場合には、たとえそれが妻の振舞いによって惹き起された場合であっても、妻は婚姻の解消を要求できる。従って困難な問題は、夫婦関係の解消の原因となりうる「過度の暴力」の範囲を確定することにある。学派の如何を問わず学者たちは、クルアーン（四章三五節）に従って以下の訴訟手続を推奨し、現代の主な法典の多くはこの手続に従っている。すなわち、妻は裁判官に訴えなければならず、裁判官は妻に対し、証言によって、あるいはそれがない場合は伝聞証拠によって虐待の証明を行うように促す。虐待が家庭内で行われたり、証人のいないところで行われたり、あるいは証言を拒む親族の面前で行われたことから妻が証拠を提出することができない場合は、裁判官は、一人は夫の家族から、もう一人は妻の家族から選ばれた二人の調停人の監視下に夫と妻を置くことになる。家族のいない場合、夫と妻は裁判官によって選ばれた信頼するにたる隣人の監視下に置かれることになる。このようにして任命された調停人は両当事者を和解させるよう努力しなければならない。調停人は和解に失敗した場合、裁判官に自分たちの所見を伝え、妻の不平に関する自らの意見を知らせる。このとき裁判官は婚姻の解消を促すことができる。ハナフィー派によれば、夫と妻が調停人に婚姻の解消を宣告する権限を与えている場合には、調停人自身がそれを宣告することができる。

F　妻とその家族の相互的な訪問を認める義務

夫は、妻が夫の許可なく祝宴や招待に応じるために外出するのを妨げることができる。この問題に関するクルアーン三三章三二節および三三節は、ムハンマドの妻たちに関してのみ語られたものにすぎない。しかしこれらの節は、ウマルの決定によりイスラームの全ての女性にまで拡張され、この時から、妻は完全蟄居の状態の下に置かれうることが認められた。しかし、この原則には幾つかの例外が慣行によって設けられており、全ての学派は、夫の反対や禁止にもかかわらず妻が自分の父母や婚姻が禁止されている近親を招いたり訪問したりする権利を認めている。

現代の大部分の法律はこの問題を取り上げることを控えているが、最近の幾つかの法律、特にアルジェリアの「家族法典」は妻の訪問の権利に関するこの古典的学説を明確に採用している。

二　妻の義務

妻の義務は全部で五つある。すなわち、妻は夫に従わなければならない（A）、妻は夫婦の住居に住まなければならない（B）、妻は夫に貞節でなければならない（C）、妻は、必要とあれば、自ら家事に従事しなければならない（D）、更に、マーリキー派は妻の処分権を制限している（E）。

A　夫に服従する義務

妻は夫の理に適った全ての要求に従わなければならない。夫の要求が理に適っている限り、妻はその要求を拒否してはならない。現代の大部分の法典はこの服従の原則を認めている。

B　夫婦の住居に住む義務

妻は、婚姻適齢にある時は夫婦の住居に行くことに従わなければならず、その後は夫あるいは裁判官の許可なく家から遠く離れることはできない。原則はそのようなものであるが、夫が契約上の義務を守らない場合に対応して数多くの例外が付け加えられている。例えば、妻が自分の両親の家に住み続けること、田舎ではなく都市に住むこと、特定の都市に住むこと、妻の社会的な水準が維持されることなどの約定が存在するにもかかわらず、夫がこれらの約定を守らない場合や、夫が婚資を支払おうとしなかった場合がそうである。夫がこれらの契約を守らない場合を除いては、妻が夫婦の住居を放棄したとき、夫は「力ずくで」（***manu militari***）妻を連れ戻すことができる。現代の諸法はこの原則を特に明言していないが、それほどまでにこの原則が明白に認められているということである。

C　夫への貞節義務

クルアーン（四章三四節）に従って、妻だけに貞節の義務が課せられている。現代の実定法は、明白かつ異論の余地のないこのような原則を規定する必要を感じなかった。モロッコの身分法典「ムダウワナ」は例外的にこれを規定し妻の貞節義務を「夫の諸権利」の第一のものとして定めていたが、これに対して、二〇〇四年改正の「家族法典」においては、夫婦の「相互的な貞節義務」を同居の帰結としている。

D　家事の義務

妻は、夫が貧困の場合には自ら家事に従事する義務を負うことがある。これは、夫にのみ課せられている生計費負担の代償である。現代の諸法典は明確にはこの問題を取り上げていない。人々の考え方が変化した結果、このような問題は法的意味を持たないとしばしば考えられたからである。

E　或る種の契約において、妻が財産を処分するときに夫の許可を得る義務

古典的マーリキー派では二つの事例において、既婚女性の能力に関する例外が存在する。それは、生前贈与と第三者にのみ利益を与えるような保証契約である。妻がこの形式の下で処分を行い、妻により同意された処分行為が妻の財産の三分の一を越えるとき、当該処分行為は夫の許可を受けなければならない。この許可がない場合、当該行為は全面的に無効であると多くの法学者は考えている。現代の立法者は、これらマーリキー派の規定を法律の中に入れることは適切ではないと判断した。従って北アフリカの全ての法典は、既婚女性に完全な能力があるという原則を定めている。

第二章　婚姻の解消（タラーク *ṭalāq*）

配偶者のうちの一人の死、背教による民事死、あるいはシーア派にのみ当てはまる一時婚（一日、一ヵ月、一年あるいはそれ以上）はどれも、それぞれ死の瞬間に、イスラーム教に背いたときに、または婚姻の期限の到来により、夫婦の結合の消滅を自動的にもたらす事象であるが、それらを別にすれば、婚姻解消の原因は、全ての学派においてタラークという同じ名称を持つ二つの制度、すなわち、厳密な意味でのタラークである離縁（第一節）と裁判所の決定による婚姻の解消（第二節）に集約されうる。

第一節　離縁（タラーク）

répudiation という言葉でフランス語に翻訳されるアラビア語の *ṭalāq* という言葉は、実際には婚姻の意図的破棄のあらゆる形式を含む総称である。しかし、厳密な意味でのタラークについて言えば、第一に、クルアーンとスンナによってその規則が定められていることからスンナの離縁とよばれているものと、クルアーンとスンナに反してはいるが、学説と判例により最終的に有効なものとして承認され、慣行となったことからビドイー（*bid'ī*）とよばれている改革された離縁がある（一）。第二に、ムハンマドがクルアーンとハディースにおいてその規則をとりあげ、その効果を修正した幾つかの非常に古い離縁の形式がある。それらはタラークを暗に含む禁欲の宣誓と背中の宣誓という二つの形式である（二）。第三に、合意による離縁、すなわち、妻がなす離縁が存在し、その一つは、妻が自らを離縁する権利を夫が妻に予め与えていた場合の離縁である。もう一つは、妻が補償と引換えに得る離縁であり、これは相互的な合意による離婚ともいえる（三）。

一　スンナの離縁と改革された離縁

ムハンマドの時代にアラブ人は、離縁を取り消す権利をしばしば自らに留保しながら、節度のないほど離縁を利用していた。この留保によって、妻は自由の身になる希望もなく、婚姻解消と婚姻の中間の状態に置かれ、無期限に待たなければならなかった。その結果、社会的な支障が生じ、預言者ムハンマドは一つの規則を作り上げることで救済の措置を講じようとした。これがスンナの離縁である。

この制度の下では、夫による別離の意思表明は即座に効果を生み出すことはない。この場合、二ヵ月ないし三ヵ月間の猶予が課せられた。この間、夫が後悔することがありうるからである。これは取消し可能な離縁（*radj'ī*）であり、預言者ムハンマドの考えによれば、婚姻の解消をより減少させるはずのものであった。夫が前言を撤回しないままにしている場合、共同生活は以後不可能であることが立証されたとみなされ、離縁は確定する。これは取消し不可能な離縁である。取消し可能な離縁の範囲内においても、取消し権の行使は、それに限定が設けられない限り濫用に陥る恐れがある。夫の権利が妻の抑圧につながらないためには、第三回目の離縁は確定的で取消し不可能なものとみなされねばならない。

従って、取消し可能な離縁は婚姻保護の手段と考えられ、取消し不可能な離縁は女性保護の手段と考えられている。

ムハンマドによって入念に確立されたこの規則は全て、イスラーム教徒には耐え難く思われた。イスラーム教徒たちはヒジュラ暦の初期から既にイスラーム以前の時代の慣例と慣行に戻ろうとし、特に、婚姻解消が、一連の三回の離縁宣言を含むとみなされる一度の宣言を用いた一つの離縁から生じるように努力した。この離縁は三重の（triple）あるいは三回分の（par trois）離縁といわれており、婚姻を直ちに解消させる。この努力は成功した。一度の宣言による三重の離縁の慣行は、全てのイスラーム諸国に共通の判例によって承認されたが、クルアーンとハディースによって定められた基本原則に直接に違反する判例上の規則の典型的な事例であった。それはイジュマーの規則ではなかった。学者たちはこの判例上の規則を常にビドアすなわち非難すべき改革、人間の無信仰に由来する異端的な慣行と考えていた。しかしこの改革は根を下ろし、早い時期から、あらゆる裁判官はこの改革を嘆きながらも、その有効性を認めることを受け容れた。

取消し可能な離縁と取消し不可能な離縁はそれぞれ幾つかの特殊性を示している（A）。しかし有効性の主要な条件は同一である（B）。

A　それぞれの離縁の特色

（1）取消し可能な離縁

取消し可能な離縁は次の四つの条件に従う。すなわち、単一であること、妻の月経期間外に宣言されること、月経期間の終了後夫婦関係が再開される前に宣言されること、離縁後のイッダ期間中に宣言がなされていないことである。

—離縁が単一であることを要求することによって、ムハンマドは、どの離縁宣言も一つの離縁としてしかみなされないことを望んでいた。従って、夫は、同じ一つの離縁宣言の中に、一連の三回の離縁宣言の効果を確定してしまうような三回分の離縁を含ませることを禁じられていたことになる。

—夫が月経という事実から生じるいかなる身体的嫌悪も感じないように、妻がトゥフル（*tuhr*）の状態、すなわち月経期間外にあるときに宣言されること。

—妻の月経期間の終了後、そして夫婦関係の再開以前に宣言されること。

—妻に対して宣言された離縁の効果として妻が服することになるイッダ期間中に宣言されていないこと。

これらの条件に従って宣言された離縁は、第一に、身体の分離という効果を生み出す。このようにして離縁された妻は夫と離れなければならない。妻はイッダに入り、夫の家でこれに服することになる。この期間中、妻は扶養を請求する権利を有するだけでなく、婚姻がまだ存続しているのであるから、夫が妻の財産を相続する全ての権利を保持しているのと同様に、妻は夫の財産を相続する権利も同じく保持している。このように妻に課せられたイッダの継続期間は三クルー（*qurū*）、すなわち月経がない期間の三周期に相当する。婚姻は性的に成就されているが妻にまだ月経がない場合、あるいは、非常に老齢でもはや月経がない場合には、クルアーンは妻に三ヵ月のイッダを課している（クルアーン六五章四節）。妻が妊娠している場合は、出産によってイッダは終了する（クルアーン六五章四節）。妻が妊娠していると主張するならば、イッダは妊娠に対して認められる最長期間と同じ期間存続することになる（学派によって二年から五年）。その期間満了以前に出産した場合、あるいは、連続して三回の月経があれば、妻は自由になる。

イッダ期間中、夫は妻に対して有していた全ての権限を維持するので、夫がいったん宣言した離縁を撤回し夫婦生活の再開を妻に強いることを妨げるものは何もない。というのも、新しい婚姻が問題になるわけではないので、夫婦生活の合意を交わす必要がないからである。しかし夫は、暗黙ないし明白に離縁を撤回しない限り妻に夫婦生活の再開を強いることはできない。この点に関し大多数の学派は、夫婦生活を再開する明白な表明がなされることを要求している。そして当初に締結された条件の下で婚姻が再開する。

この最初のイッダの満了時に、夫は、妻と夫婦生活を再開しないで再考のための新たな猶予期間を自らに留保しつつ離縁の意図を抱き続けることができる。この場合、夫は最初と同じ形式で二回目の離縁宣言を行うことによって自分の望みを実現し、前回と同じ効果が生じる。すなわち、イッダと身体分離の効果が生じ、その期間中に夫には離縁宣言を撤回する可能性が常に認められている。二回目のイッダ満了時に、夫が三回目の離縁を宣言すると、その時まで取消し可能であった離縁は取消し不可能なものになる。

現代の立法者たちは、取消し可能な離縁を法典化しようと試みたとき、多くの場合、聖典の規定すなわちクルアーンとスンナをそのまま採用するにとどめた。

(2) 取消し不可能な離縁

スンナの離縁

夫が前言を撤回しない限り、あるいは取消し可能な離縁を新たに宣言しない限り、イッダが終われば婚姻は正当に解消する。配偶者同士を結びつけていた絆はその時切れる。相互の相続の資格は消滅し、夫は妻への権利を失うことになり、妻はイッダを終えているので直ちに再婚することができる。従って、婚姻の解消は、夫が最初に離縁の意図を示した後、最も早くて約三ヵ月で生じ、最も遅くて、夫が妻を待たせることができる最長期間、すなわち、三回の離縁宣言の後に生じる。一連の別個の三回の離縁宣言によるこの離縁は「完全な」離縁といわれ[訳注(一)]、再考のための猶予期間を含んでいることから善い(*ḥasan*)離縁とみなされている。ちなみに前言を撤回しない「一回の」宣言による離縁は最善の(*aḥsan*)離縁といわれる。もっとも、夫はこのように一連の三回の離縁宣言によって妻を待たせる期間を引き延ばす権利を有しているが、この権利を放棄することもできる。すなわち、一回目の離縁宣言に二つの離縁の効果を与えることによって、法が夫に課する最短期間に立ち帰ることができる。これは「二回の」離縁といわれる。次の離縁宣言は外見上三回目の宣言であるが、実際には、あたかも「一回の」正規の離縁が存在していたかのように進行する。いずれにせよ、決定的で取消し不可能な一回、二回あるいは三回の離縁宣言によるスンナの離縁は、夫婦相互の権利を終わらせることになるが、二人が適法な婚姻により再度夫婦となることを妨げない。

しかしながら、取消し不可能な全ての離縁に付与される通常の効果に加え、三回の離縁は特殊な効果を生み出す。夫は、離縁した妻が他の男性と婚姻をした後その男性と正式に別れた場合に限り、離縁した妻を取り戻すことができる。この規範はクルアーン（二章二三〇節）による。しかし、イスラーム法学者たちは、第二の婚姻の成就を要求することによってその規範を重くした。これが夫婦にとって屈辱的な手続きのフッラ（***hulla***）あるいはタフリール（***tahlil***）であり、その趣旨は衝動的な離縁に対し有効な歯止めをかけることにある。

改革された離縁

離縁が単一であることを要求する規則を守ることなく、また月経期間外という条件や妻が服するイッダを無視して、夫がタラークという言葉あるいはその派生語のひとつを含む言葉を用いた明確な三重の離縁宣言をしたときは、妻は三回の離縁をされたものとみなされ、その結果生じる効果は取消し不可能な離縁の効果となる。それにもかかわらず、夫は宣誓して、この宣言は見せかけの離縁宣言にすぎず、いわゆる「減縮の意図」（intention de diminution）を有していたことを表明することが認められている。

現代の主な法典は一般的に古典的な規則を尊重し、改革された離縁をきわめて明白に採用している。

B　**離縁に共通な有効性の条件**

これらの条件は四つある。すなわち、離縁する能力（１）、離縁の可能性（２）、離縁の意思（３）、離縁宣言の使用（４）である。

（１）離縁する能力

離縁する能力は、原則として、婚姻適齢に達し健全な精神を持ったイスラーム教徒の全ての男性にある。従って、イスラーム教徒であることが不可欠な条件である。イスラーム法はズィンミーが宣言できるような離縁を認めていない。更に、このイスラーム教徒の男性は婚姻適齢に達した状態になければならない。イスラーム法は婚姻不適齢の夫による離縁を認めていない。また、イスラーム法は、ジャブルの権利を行使されて婚姻を強制されたこの婚姻不適齢の夫の父および遺言後見人によって宣言される離縁も認めていない。このように、離縁の権利は夫の人格に本質的に備わる権利のようにみえる。しかしこの原則は、夫が委任した者を介して離縁の権利を行使することを妨げるものではないし、離縁の権利を妻に譲渡することを妨げるものでもない。最後に、イスラーム教徒で婚姻適齢に達している夫は健全な精神を持った者でなければならない。このことは、夫が痴愚、心神喪失、狂乱を原因とする禁治産を宣告されていてはならないということである。

現代の諸法はこれらの規則を採用し、多くの場合、完全な酩酊状態をもこの規則に含めている。古典的なイスラーム法の学派におけるのと同様に、現代の諸法においても、瀕死の病の場合に全ての離縁が禁止されるか否かに関しては意見の対立がみられる。

（２）離縁の可能性

離縁は夫が妻を所有している限りにおいてのみ可能である。従って、夫による法的所有を確定する婚姻契約が締結される前には、離縁はありえない。それ故、離縁は婚姻中にしかできない。それでは法的所有が肉体的所有でもあることは必須条件であろうか。答えは否である。例えば、妻が低年齢で、未だ夫を肉体的に受け入れることができず、常に両親の家に住んでいることから婚姻がまだ成就していない場合があるからである。全ての学派は離縁の可能性を厳密に法的所有にのみ基礎付けている。他方、婚姻解消後は夫には妻を所有する権利はないのであるから—言うまでもなく取消し可能な離縁宣言後は別として—離縁はもはやありえない。

（３）離縁の意思

夫は妻を離縁する意思を有していなければならない。この意思の表明のために正式な手続きを必要としない。イスラーム法が要求するのは、この意思が存在していることだけであり、意思は明示的なものでも黙示的なものでもよい。意思が存在し、それが立証されれば十分である。しかしながら多くの場合、この意思の立証が行われる必要はない。というのは、離縁は離縁宣言を用いることを想定しており、多くの場合、夫が行う離縁宣言は離縁する夫の意思を示すからである。

（４）離縁宣言の使用

イスラームの法学者は離縁宣言を三つのカテゴリーに分類する。すなわち、タラークという言葉を用いる正規の離縁宣言、タラークと同等の離縁宣言、比喩的な離縁宣言である。

—正規の離縁宣言は、タラークという言葉あるいはその派生語を含むものである。例えば「私はお前を離縁する」あるいは「お前は離縁の対象である」などである。この場合、離縁の意思を立証する必要はない。離縁の意思は当然のこととして存在し、反証を受けつけない。夫が宣誓によりそれは冗談だと断言したとしても、夫による離縁の否認は認められない。これは「婚姻においては全てが真剣である」

というハディースを適用したものである。

―タラークと同等の離縁宣言は、離縁する意思が夫にあることを想定させるような宣言であるが、それはタラークという言葉あるいはその派生語を含まない。例えば「私はお前を自由にする」あるいは「私はお前を両親の元へ返す」などである。この宣言は離縁の外観を呈しており、夫に離縁する意思があることを推測させるものである。正規の離縁宣言とは異なり、この種の離縁宣言は反証が認められ、夫による離縁の否認が許容される。

―比喩的な離縁宣言は、それがどのように表現されていようと離縁の外観を呈してはおらず、そこに離縁の意思を推測することもできない。もし夫が何らかの言葉を述べた後で宣誓して離縁したいと断言したならば、離縁が受け入れられる。この場合、夫の意思は特別な立証の対象とならなければならない。

大抵の場合、夫によって用いられる離縁宣言は無条件であるが、その離縁宣言に条件や離縁の期日を付けることを妨げるものは何もない。ただし、古典的なイスラーム法は離縁期間を限った宣言や解除条件付きの離縁宣言を認めていない。夫は或る出来事の到来まで離縁を遅らせることはできるが、期間を限った、例えば二ヵ月間だけの離縁をすることはできないし、また、無条件で離縁した上で、或る出来事が実現したときに婚姻が復活するというようなことを定めることもできない。これら様々な事例においては、成立した離縁は確定的である。予め付された離縁の条件が停止条件の場合、その条件は実現可能なものでなければならない。先ず、条件が不確実なとき、その離縁は無効とみなされる。次に、実現したか否かを確認することのできない条件に離縁が依存しているとき、この条件は存在しないものとみなされ、離縁は無条件な離縁とみなされる。最後に、離縁が条件付きのときは、離縁は大抵の場合次のような宣誓の形式の下で行われる。「これこれしかじかの出来事が実現したときには、私はおまえを離縁することをここに誓う」。その出来事が実現したときには、夫はその誓約に拘束される。これは人民訴訟の一例である。というのも、このような婚姻生活を続けることは宗教に反するとみなされるべきであることから、全てのイスラーム教徒には、あらゆる手段を用いて、この婚姻の存続に反対する義務があるからである。

現代の多くの法典は、もはや宗教上の特別な離縁宣言は必要でないという原則を認め、条件付きの離縁を端的に放棄するに至った。

C　離縁の効果

離縁は妻の財産状態にどのような影響を及ぼすであろうか。

（1）ムトア（*mut'a*）

総じて全ての学派の大多数の学者は、妻を離縁した夫はその富に応じて妻に「慰めの贈り物」（ムトア）といわれる贈与をしなければならないと考えている。この贈与は妻がイッダに服していないときは、直ちに行われなければならないが、逆に、イッダに入っているときは、妻はその終了時に贈与を受けることになる。妻がイッダの期間中に死亡した場合は、贈与は直ちに妻の相続人に対しなされなければならない。

この贈与は、離縁が妻にもたらす物質的、精神的な損害を妻に賠償することに充てられる。離縁が妻の行為を理由としたものでないときは、贈与は夫の債務として定義することができる。それ故、離縁された者の中にはムトアを要求できない者もいる。例えば、夫が妻に同意した選択権によって妻自身が自ら離縁を宣言する場合がそうであり、また妻の不貞行為によって離縁が正当化される場合も同様である。現代の幾つかの法典は、このムトアを認めてきた。

（2）婚資はどうなるのか

考えられる三つの典型的な例は次の通りである。

—婚姻が成就していた場合、妻は婚資の全てを要求する権利がある。離縁により妻の権利は確定し、その権利は直ちに行使可能なものとなる。

—婚姻が未だ成就していなかった場合、妻は婚資の半分を要求する権利がある。

—妻が重大な過失、特に不貞によって離縁される場合、妻には婚資を要求する権利はなく、従って妻は既に受け取っていたものを返還しなければならない。

二　宣誓による離縁

イスラーム以前の慣行の名残である禁欲の宣誓（イーラー *īlā'*）（A）と背中の宣誓（ズィハール）（B）は、その使用を抑制するため預言者ムハンマドによって規制された。

A　禁欲の宣誓（イーラー）

イーラーは、妻とのいかなる性的関係をも断つことを誓う夫の宣誓である。イスラーム以前の時代には、このような宣誓はおそらく離縁を一時保留しておく効果を持っていた。ここから妻が待機の状態に置かれるという不都合が生じることから、ムハンマドはこの状態を明確にしようと配慮した。かくして、クルアーン（二章二二六節）はこの誓いを単に取消し可能な離縁と同一視している。『女と縁を切ろうと誓った人は、四ヵ月の猶予期間を（置く必要がある）。もし（その期間中に）復縁する気になったら、（それも許される）。まことにアッラーは寛大でお情深くおわします』。

禁欲の宣誓を行う能力は、妻を離縁する夫に課される能力と同一である。すなわち、法律上の既婚者で、婚姻適齢に達し、健全な精神を持ったイスラーム教徒でなければならない。いかなる手続きも法律によって課されてはおらず、宗教上の特別な宣言も必要ない。夫はアッラーの名において、もしくは神の一つの属性の名において、四ヵ月の間禁欲すると誓いさえすればよい。夫が予め定めた期間が四ヵ月より短い場合には、その宣誓が妻により夫に対して援用されることはありえないが、期間が四ヵ月より長い場合は、妻は裁判官に申し出て、期間を四ヵ月に戻してもらうよう裁決を要求することができる。四ヵ月の期間は、宣誓がなされた時から、もしくは裁判官が裁決を下した時から計算される。夫が自分の宣誓を守らない場合、夫の宣誓違反は法的に許容され、婚姻は再び継続することになる。これに対して、夫が四ヵ月間の禁欲を守った場合は、妻には選択権が生じ、現在の状態を受け入れることもできるし、また、宣誓をよりどころに婚姻の解消を求めることもできる。後者の場合、裁判官は妻に対し離縁を認めるよう夫を義務付けることになる。夫が離縁を拒んだ場合は、裁判官自身が離縁を宣告する。

現代の諸法の中でマーリキー学派に基づいたものは、この原初の制度を維持している。また、この制度は、シーア派の法において、婚姻が存続している限り夫は少なくとも四ヵ月ごとに妻または妻たちと性的関係を持つように義務付けられていることに現れている。

B　背中の宣誓（ズィハール）

ズィハールは、夫が宣誓によって妻または妻の身体の一部（概して背中）を、婚姻を禁止されている親等の女性またはその者の身体の一部になぞらえることを意味している。「お前の背中は私にとって私の母の背中のようなものだと私は誓う」というのが古来の表現である。暗に背中という言葉で性行為を仄めかしながら、そして性的関係が全て禁止されている者と妻を同一視することで、夫は自らの離縁の意思を暗黙裡に述べている。イスラーム以前の時代には、背中の宣誓はその効果として取消し不可能な離縁を、そしておそらくは永久の離縁さえもたらした。クルアーン（五八章二節）は、ズィハールが不正な行為であることを明確にした上で、一定の期間が経過すれば婚姻の解消を求めることを妻に許すことによって、その効果を弱めることになった。ズィハールが宣言されたときはそれ以降、妻は夫から離れなければならず、夫を拒まなければならない。しかしながら婚姻は存続し、夫は宣誓に続く四ヵ月の間に罪を贖った後、再び共同生活を始めることができる（クルアーン五八章三節、四節）。もし夫がその期間を無為に過ごしてしまうならば、夫の落度に対して妻は婚姻の解消を要求することが認められる。かくしてなされた裁決は全ての学派において取消し不可能な離縁の効果を生じさせるが、離縁した妻との共同生活を新しい婚姻によって再開することを妨げるものは何もない。

現代の諸法は、ズィハールというクルアーン上の制度についてもはや言及していない。その理由はおそらく、この制度があまりにも古めかしいものと考えられたからであろう。しかしそれにもかかわらず、クルアーンの制度ズィハールは、イスラーム法が成文化されていないか、あるいは補充的に適用される国々において廃止されることはなかった。

三　合意による離縁

合意による離縁は妻の行為である。夫は、妻が自らを離縁する権利を予め妻に与えることに同意することができる（A）。妻は補償と引換えに離縁を獲得することができ、これは相互の合意による離婚といえる（B）。

A　タフウィード（*tafwīḍ*）

夫は、離縁する権利を捨て、妻が自らを離縁する権利を妻に与えることができる。これがタフウィードすなわち信託に基づく撤回不可能な委任である。夫は、婚姻契約がひとたび締結された後、その契約を具体的に履行する際、自分が獲得したこれこれの権利を事実上放棄することができる。これと同じ結果は、婚姻契約の直後に条件付きの離縁宣言を夫に義務付けることによっても確保されうる。すなわち、虐待、扶養の拒否、重婚などの出来事が生じたことを条件として発効する離縁宣言である。これらの出来事が現実に生じると自動的に婚姻は解消される。これが婚姻契約に付加されるタアリーク（*ta'līq*）とよばれる合意である。

離縁権の譲渡は、イフティヤール（*ikhtiyār*）とマシーアト（*mashī'at*）という二つの形式の下で起こりうる。

イフティヤールの場合、夫は妻に選択権を与える。そこで、妻は婚姻の継続と離縁のうちのいずれかを選択することができる。もし妻が離縁を選択したならば、必然的に三重の離縁が生じ、夫はその効果を制限することはできない。

マシーアトの場合、夫は妻に裁量的な離縁権を譲渡する。すなわち妻は、イフティヤールの場合と同様に婚姻の継続と離縁のうちのいずれかを選ぶことができるが、離縁を選択した場合には、一回、二回あるいは三重の離縁宣言を採用することができる。夫は、もし望めば一回の離縁を課すことができるが、妻があくまでも婚姻の解消を望むかぎり、いかなる場合も婚姻の解消には反対することはできない。

現代の幾つかの法典は、この制度に明白に言及している。

B　フル（*khul'*）とムバーラーアト（*mubārā'at*）

クルアーン（四章一二八節、特に二章二二九節）は、この婚姻解消の形式を導入した。『もしそういう心配が起って、両人がとうていアッラーの掟を守って行けそうにない場合は、女の方で自分の身を贖い取っても、別に両人の落度とはならない』（二章二二九節）。妻は夫に嫌悪感を抱き、共同生活は妻にとって重荷となった。しかし裁判による婚姻解消を得るほどに重大な理由が妻にないときでも、妻は婚姻解消に同意するよう夫に要求し、夫の合意を得るために夫に補償を差し出すことになる。すなわち一部支払われていない婚資の放棄、既に支払われている婚資の返還、既に受け取っていた一定金額ないし高価な物の返却である。妻によるこの種の自由の代償はフルとよばれている。夫と妻が互いに債権を有しており相互にそれを放棄する場合、この放棄の同意はムバーラーアトといわれる。これら二つの場合には相互の合意が存在する。

これらは妻によって提起された一種の婚姻契約の解除であることから、その有効性の条件は、原則的に契約すなわち婚姻が成立するための条件と同一である。フルの効果は夫婦の間で交わされた同意によって定まる。しかし、総じて全ての学派によると、原則的に合意による離縁は取消し不可能な離縁の効果と同じく婚姻の解消をもたらす。婚姻は直ちに解消され、夫はもはや妻に対する諸権利を持たず、妻は再婚することができる。夫婦が和解する場合には、夫婦は新しい婚資を設定して、新しい婚姻の契約を締結しなければならない。

フルは、ハナフィー派が支配的な国々で公布された現代の法典の中では詳細に規定されていない。おそらくその理由は、今後は裁判所の決定によって婚姻解消を得る可能性がより大きくなることに存すると考えるべきである。それに反してマーリキー派の地域では、合意による離縁は現代の諸法において重要な地位を占めている。

第二節　裁判所の決定による婚姻の解消

裁判所の決定による婚姻の解消は、起こりうる幾つかの事例の下で生ずる。それは先ず呪詛の誓約に引き続いて（一）、もしくは婚姻契約取消しの原因となる欠陥がある場合に（二）、あるいは婚姻義務の不履行の故に（三）願い出ることができる。そして最後に裁判官が職権で婚姻解消を宣告することができる（四）。

一　リアーン（呪詛の誓約）

リアーンの主要な目的は妻の不貞を証明することであり、夫の子でない子が夫の子とされることを防ぐことである。婚姻の解消はその結果にすぎない。

妻が不貞の現場を押さえられた（あるいは婚姻中に妻が強姦された）場合、もしその後妊娠が明らかになるか妻が出産する時に自分がその子の父でないことを夫が知っていれば、夫は、法的推定によって自分に帰せられている父子関係を拒否する手段を有している。その手段がリアーンであり、これは婚姻中に妊娠した子に関してイスラーム法上夫に認められた否認の唯一の方法である。婚姻が無効であるか不正規である場合でもリアーンは必要である。というのも婚姻無効の宣言や婚姻解消は夫に父子関係を帰することの妨げにはならないからである。

全ての学派は、呪詛の誓約者たる夫に対し離縁する能力（婚姻適齢に達し健全な精神を持った既婚のイスラーム教徒であること）を有していることを一致して要求する一方で、妻の能力に関しては学派間に意見の相違がみられる。ハナフィー派は、イスラーム教徒と婚姻しているキリスト教徒やユダヤ教徒の妻をリアーンに従わせることができないと考えているので、これらの妻たちの不貞行為はクルアーン（四章一五節）に従って四人の男性証人の宣言によってのみ立証されうる。

A　リアーンの手続き

夫婦は裁判官の前に出頭し、裁判官は先ず離縁する能力の諸条件が満たされているかどうかを確かめなければならない。もしそれが満たされていれば、裁判官は申立人である夫に次の二つの異なる文言のいずれか一つを唱えて呪詛の誓約を宣言するように勧める。すなわち、「私は唯一の神アッラーの御名において、この女が不貞を行うのを見たと誓います」、あるいは「私は唯一の神アッラーの御名において、この女の妊娠は私にはかかわりないと誓います」。そしてクルアーン二四章六節、七節に従い、夫はこの文言を四度繰り返し宣言し、これに加えて五度目には『もし自分が嘘ついたなら、アッラーの呪詛がかかりますように』と誓う。夫がこのように誓うと、不貞行為を訴えられた妻は訴えを認めるかまたはこれに対して抗弁することができる。妻が沈黙を守った場合は、不貞の事実を認めたものと当然みなされ、裁判官は直ちに次の判決を下さなければならない。つまり、妻が不貞の事実を認めたことを確認し、妻が離縁されたことを宣言し、クルアーン（二四章二節）に規定されている百回鞭打ちの刑を妻に宣告する。妻が不貞を認めることを拒否した場合は、妻は五度の誓約によって抗弁しなければならない。先ず妻は次のいずれかの文言を四度言う。「私は唯一の神アッラーの御名において、夫は不貞を見ていなかったと誓います」、あるいは「私は不貞を犯さなかったと誓います」、または「夫は嘘を言ったと誓います」。そして五度目に妻は『もし彼の言葉が本当であるならアッラーの怒りわが頭に下りませ』と誓う（クルアーン二四章八節、九節）。この場合には妻はいかなる刑罰も受けない。しかし、夫は規則に従って呪詛の誓約を行っていることから妻は不貞の事実を認めたとみなされ、裁判官は一方的離縁による婚姻の解消を確認しなければならない。それ故、いずれの場合も妻は離縁され婚姻は解消される。

B　リアーンの効果

リアーンの効果は二種類ある。

―婚姻の面では、リアーンはこれまで夫婦であった者の間に、血ないし乳による血族関係と同様に強い婚姻障害をもたらす。

―財産の面では、相互の相続権はイッダ期間が満了しない限り存続する。妻にはムトア（慰めの贈り物）の権利はなく、また離縁された妻あるいは寡婦に認められる妊娠中の扶養（***nafaqat al-haml***）への権利もない。婚資に関しては通常の規則が適用される。

クルアーンの啓示によって是認されているにもかかわらず、リアーンは現代の立法によって例外的に保持されているにすぎない。しかしながら、シャリーアが法典に欠缺がある場合に依然として適用される補充的な法体系である限り、上記のことは言うまでもなく規範の消滅を意味するわけではない。

二　婚姻契約取消しの原因となる欠陥

売買契約においては、契約以前に物に瑕疵が存在しており取得された目的にその物が適さない場合、売却された物の瑕疵を理由に売買契約の解除が認められている。この取消し事由は類推によって婚姻に適用される。夫婦の各々は、相手が共同生活を危険にさらすような病気（典型的な例として、ハンセン病、象皮病、心神喪失）に冒されている場合だけではなく、夫婦関係を不可能にさせたりあるいは非常に困難にさせたりするような肉体上の欠陥（典型的な例として、鎖陰、性交不能症、去勢）がある場合にも、婚姻契約の取消しを要求できる。また同様に、婚姻契約に予め定めていた欠陥（典型的な例として、盲目、肢体麻痺、有力な学説によれば妻が処女でなかったことも含まれる）も取消し事由と考えられている。

A　婚姻解消を請求するために必要な条件

配偶者が婚姻前に相手の欠陥を知っていた場合は、婚姻の解消を請求することはできない。もしくは、婚姻後に相手の欠陥を知って、それを承諾した場合も同様である。しかしながら、夫と妻との間には欠陥が現れる時期に応じて基本的な違いが存在し、全ての学派がそのことを認めている。妻に関しては、その欠陥が婚姻以前から存在している場合にのみ婚姻契約取消しの原因とみなされる。契約の後に現れた妻の欠陥は不可抗力とみなされ、夫はそのリスクを負わなければならないし、また婚姻解消の権利をそれによって基礎付けることもできない。逆に、夫に欠陥がある場合、その欠陥が契約の前に存在しようと後に現れようと、離婚を要求する権利が妻に与えられる。法学者たちによれば、この違いの理由は、夫は常に一方的離縁によって契約を解消することができるのに対して、妻は裁判による離婚という方法によってしか自由の身になれないからである。婚姻契約取消しの原因となる欠陥の存在が立証された後、裁判官の判決によって婚姻解消は生じるが、この解消権の行使期限についてはイスラーム法のテキストにはいかなる定めも存在しない。

B　婚姻契約取消しの原因となる欠陥の立証

立証は、当事者が自ら欠陥を認めることにより、あるいは欠陥があるとされる配偶者の身体検査によりなされる。立証の効果は欠陥の重大性によって決定される。もしその欠陥または病気が不治であれば、裁判官は婚姻を解消しなければならない。その治癒が期待できる場合、裁判官はそれを治癒させるために一般的に一年の猶予期間を認める。この期間、夫婦のあらゆる関係は禁止される。病気が回復せずに期限が切れると、裁判官は婚姻が解消されたと宣告する。夫の性的不能の場合は特別な規則が適用される。性的不能が婚姻以前からのものであれば、裁判官は当然のことながら夫に夫婦関係を禁止するまでもなく、治癒するために一年の猶予期間を夫に与える。夫が宣誓して性交したことを断言する場合、夫の言葉は信じられる。この正式な断言が存在しない場合、裁判官は婚姻の解消を宣言する。婚姻後に生じた性的不能に関しては不可抗力とみなされ、妻がそのリスクを負わなければならない。

C　財産上の効果

婚姻の解消後、婚資には次のような規定が適用される。婚姻が成就していなかった場合には夫は婚資を支払う義務はない。婚姻が成就しており、しかもその婚姻が夫の欠陥を原因として解消された場合には、夫は全ての婚資を支払わなければならない。妻の責めに帰すべき事由によって婚姻が解消される場合、夫には婚資を支払う義務はないし、既に支払われていれば婚資は返還されうる。

大多数の現行法典は上述の裁判所による離婚の事由を明確に規定し、とりわけ、婚姻解消となるべき欠陥の概念を拡張して、婚姻契約時に故意に隠されていた重大な病気にまで及ぼしている。

三　婚姻上の義務の不履行

婚姻は双務契約であり、従って、一方当事者が契約上の義務を果たさない場合、他方当事者の請求により婚姻は解消されうる。言うまでもなく、夫は離縁する権利を自由に行使することができるので、裁判所による離婚の判決は常に妻の請求によって生じる。典型的な三つの例を挙げることができる。

A　婚姻が未成就であり、夫が婚資を払わないか婚資の未払い分（カーリー *kālī*）がある場合

裁判官は、期間の長短はあるが、最長一三ヵ月までの猶予期間を夫に与える。この期間が過ぎると、婚姻が未成就の場合には妻の請求により裁判官は婚姻の解消を宣告する。ただし、婚姻が成就されている場合には婚資の未払いによって婚姻が解消されることはない。婚資の未払いによる婚姻の不正規性は婚姻成就によって治癒されるからである。

B　夫がナファカ（妻の扶養）の義務を履行しない場合

夫が妻のもとにいる場合と旅に出ている場合とを区別する必要がある。夫が妻のもとにいて夫に財産があれば、裁判官は夫に対し、ナファカの義務を果たすかあるいは妻を離縁することを命じる。もし夫が貧窮している場合（そして、この貧窮が婚姻以前からのものであり、妻がこのことを知っていて暗黙に認めている場合）、夫は貧窮を立証することによって、よりよい財産状態になるまで猶予期間を認めてもらうことができる。通常この猶予期間は妻の請求の日から数えて最長二ヵ月と定められている。この期間が過ぎると、裁判官は婚姻の解消を宣告し妻はイッダに入る。もしイッダ期間中にナファカの義務を履行できるようになれば、夫は離縁を取り消すことができる。

夫が、不在でも失踪でもなく長旅（歩いて一〇日以上の旅）に出かけ、妻を扶養するのに必要なものを何も残さず、またそのための代理人を定めていない場合、このように放置された妻は事実の真相を証明するために裁判官の前で最初の誓約を行わなければならない。この際、夫の財産状態に応じて区別を設けなければならない。もし夫が財産を残していれば、裁判官は先ず動産、次に不動産の売却を許可することができる。もし夫が財産を残していなければ――マーリキー派においてのみであるが――妻は婚姻の解消を請求できる。裁判官はナファカの義務を果たすためにこの請求のあった日から数えて一ヵ月間の猶予を夫に与える。この猶予期間の経過後、裁判官は、事実の真相について妻に二度目の誓約を行わせた後に、妻が自らを離縁しイッダに入ることを許可する。もし夫がイッダ期間中に帰れば、夫は、ナファカを支払える状態にあること、または既にナファカを与えたことを証明して離縁を取り消すことができる。

この婚姻解消の方法は、現代のイスラーム諸国の全ての重要な法典で定められている。

C　夫が婚姻契約に記された義務に違反する場合

最も頻繁に起こる夫の義務違反の典型例は、婚姻契約に付加される合意（タリーク）から生じ、タリークで明確に定められた次のような義務に対応している。一夫一婦を守ること、一定期限内に婚資を払うこと、特定の町に住所を定めること、妻が自分の両親と同居する権利を認めることなどである。

婚姻解消を請求する権利は他方の配偶者によって権利を侵害されたと思う配偶者に帰属する。もし婚姻解消を請求する者が財産に関しては未成年であっても身体に関して成年であるならば、離婚訴訟を起こす権利を有するのはその者自身である。しかしこの場合、その者は法定代理人の同意を必要とする。というのも、離婚訴訟は金銭的な利害にかかわる可能性があるからである。請求を受けた他方配偶者は自ら法廷に立たなければならない。しかし、この者が未だ財産に関して未成年である場合には、法廷に立つべき者は法定代理人あるいは後見人である。なぜならば、離婚判決はその性格上金銭的な利害とかかわることになるからである。

四　裁判官の職権による婚姻解消

この婚姻解消は四つの場合に起こりうる。すなわち、婚資の額に関する争い（A）、夫権の濫用（B）、夫婦間の深刻な不和（C）、夫の不在（D）である。

A　婚資の額に関する争い

婚姻が成就する前に、行為能力のある配偶者間で、婚資の額あるいは質に関し争いが生じた場合、売買に関する争いと同じように処理されることになる。裁判官は両当事者に宣誓を要求する。両当事者が宣誓し相容れない主張を行った場合、あるいは両当事者が自らの主張を宣誓によって明示することを拒否した場合は、裁判官は婚姻の解消を宣告する。

B　夫権の濫用

法学者たちは三つの起こりうる可能性について考察している。妻がひどい侮辱を受けている場合、売春を強要されている場合、継続的に虐待を受けている場合である。ただ最後の場合は、一定の手続きを踏まなければならない。妻が繰り返し苦痛を訴えているが虐待の証拠を示さない場合は、裁判官は和解を試みなければならない。逆に証拠が明らかである場合、裁判官は夫に戒告を与えることができ、必要な場合には軽罪刑を夫に科すことができる。更にひどい場合は、妻を信頼できる人に託して婚姻の解消を宣告することができる。軽い暴力が問題になっていて、その暴力が妻の行為を引金として生じたものでないときは、婚姻の解消は取消し可能な離縁に相当する。夫の暴力的性格の故に妻に対する報復の恐れがあるときは、夫がその決定を取り消すことができないように、裁判官は妻に取消し不可能な三回の離縁を宣告する。

現代のイスラーム諸国の法典は婚姻解消のこの方法を重要なものとして規定している。

C　夫婦間の深刻な不和

この婚姻解消の事由はマーリキー派に特有である。裁判官はクルアーン（四章三五節）によって規定されている和解を先ず試みる。夫婦それぞれの家族の中から選ばれた二人の調停人が夫婦を和解させようと努力することになる。もし和解に達しなければ、調停人はどちらに過誤があるかを決定しなければならない。妻に過誤がある場合、妻は離婚を請求できず、更に夫はクルアーン（四章三四節）によって規定されている体罰を妻に科すことができる。過誤が夫の方にあるならば、調停人は離縁を宣告し、婚姻が成就している場合は全ての婚資を妻に与え、婚姻が成就していない場合には婚資の半分を与える。もし相互に過誤があれば、調停人は婚姻が解消されたと宣告し、夫婦が互いに支払うべき賠償金を決定する。調停人の判断は最終的なものである。従って裁判官は常にこの判断を修正することなく認めなければならない。

この手続きは身分法に関する大部分の現代イスラーム諸国の法によって採用されてきた。クルアーン四章三五節の和解を出発点として、二〇〇四年のモロッコ法典は新しい制度であるシカーク（*shiqāq*）離婚すなわち不和を原因とする離婚を制定した。この規定によって今や妻には、裁判官の監督の下、夫の離縁権と同等の権限が与えられることになった。

D　夫の不在

フランス法と同様にイスラーム法は、失踪してしまい、もはやその消息もなく生存しているか否かも分からない人の状態と不在とを区別している。

夫が不在のときは妻には次のような異なる手段が与えられている。

―不在が一定期間（学派により二年あるいは五年）続いた場合には、たとえ夫あるいは夫の親族が妻を扶養していたとしても妻は離婚を請求することができる。

―妻は離婚を請求するのを差し控えることもできる。夫の死亡が証明されない限り、あるいは、夫が人間の最長寿命の極限を超えていることから死亡者としてみなされるべきであると宣告する判決が下されない限り、婚姻は存続しているとみなされる。そして、夫の死亡が証明されるか夫の死亡宣告の判決が下されたときには、婚姻は解消されたとみなされ、妻はイッダに入ることになる。

―最後に、妻は中間的な手段を取ることができる。すなわち、妻は自らの自由を取り戻す権利を留保しながら、既婚の妻としての地位や待遇を存続させることができる。妻は裁判官に対し、夫の不在を確認する判決と、最後に夫の消息があった日から数えて四年を経過期間とする判決を要請することができる。この期間が過ぎると妻はイッダに入り、イッダが終了すると妻は再婚することができる。しかし、最初の婚姻は、四年の期間が終了し妻がイッダを終えたという事実だけでは解消されない。最初の婚姻は妻が再婚しない限り存続する。以上のことから次の結論が生じる。もし妻の再婚後に夫の死亡が認められることとなり、その死亡が妻の第二の婚姻以前である場合には、妻は最初の夫と婚姻していたことになり、例えば、最初の夫を相続する権利が妻に認められることもありえた。

現代の立法は、夫の不在が離婚請求の根拠になりうることを概ね認めており、多くの場合一年の期間が定められている。ハナフィー派は更に夫の不在が「正当な動機」によるものではないことを要求している。

訳注(一)　これに対して婚姻が成就していない場合の離縁は取消し不可能な「不完全な」離縁といわれ、離縁宣言により直ちに婚姻は解消する。従って妻に対する夫の諸権利と相互の相続の資格は消滅し、妻はイッダに服することなく再婚できる。

第三章　親子関係（ナサブ *nasab*）

親子関係は個人とその生みの親を結びつける父系血族関係である。家父長制的性格を有するイスラーム社会では、親子関係は原則として父方に即して考察される。ひとたび親子関係が確定すれば（第一節）、子とその両親との法律関係が決定する（第二節）。

第一節　親子関係の立証

親子関係の立証は、婚姻の存在によって確定され（一）、あるいは認知によって確定される（二）。養子縁組はクルアーンや伝承によってその法的効果を剥奪されることになる（三）。ただし、認知は養親子関係の法的な禁止を事実上回避させる結果となった。

一　婚姻による立証

婚姻中に生まれた子（A）、並びに、婚姻解消後に生まれたが婚姻中に妊娠した可能性のある子（B）は、婚姻から生まれたとみなされる。

A　婚姻中に生まれた子

子が婚姻中に生まれた場合、その子についての親子関係は、子の母についても、母の夫についても完全に確定される。婚姻が絶対無効とされたことで事実上の結合でしかなかった場合も同様である。従って、フランス法と同様に、母の夫の意に反しても父子関係が推定され、このことは「子は寝床に属する」（***al-walad lil-firāsh***）という規則によって表現されている。この推定は絶対的なものではなく、夫は以下の三つの場合に父子関係を否認できる。

第一の場合は、妊娠が婚姻より前の時期に遡る場合、すなわち、婚姻の締結から子の出生までの期間がイスラーム法における妊娠の最短期間である六ヵ月より短い場合である。学者たちはクルアーンの次の二つの節を結合することによって、この六ヵ月という妊娠期間を認めるに至った。すなわち、『もし授乳を完全に終わらせたいと思うものは子供にまる二年間乳をのませるがよい』（二章二三三節）と、『母親は苦しんで胎に宿し、苦しんで産んでくれた。胎に宿してから乳離れさせるまでに三〇ヵ月もかかっている』（四六章一五節）である。三〇ヵ月から二年（二四ヵ月）を差し引くと六ヵ月である。

第二の場合は、妊娠が想定される時点において、夫婦の同居が何らかの理由により不可能であった場合である。例えば、夫が婚姻適齢に達していなかったり、妻が子を産めない状態にあったり、一方の配偶者が病気であったり、両者が事実上別居していた場合などである。しかし、夫による嫡出否認が同居を中止したことを根拠にしている場合、この否認が裁判官によって認められるのは、夫が一定期間にわたり妻から離れていた場合に限られる。

第三の場合は、夫が妻に対して不貞の訴えを宣言し、更にこの訴えに嫡出否認の訴訟をつけ加えた場合である。これがリアーンの手続きである。

それ以外の全ての場合において、子の母の夫はその子の父である。たとえ夫が、妊娠したと想定される日より以前から妻とのあらゆる性的関係を中止していたことを誓約によって断言したとしても、このことに変わりはない。夫が黙示的ないし明示的に子の父であることを認めた場合は、嫡出否認はもはや不可能になる。

現代の諸法典は「子は寝床に属する」という推定を認めるが、嫡出否認ができる一つの原因である同居の不存在について詳細に規定している。

B　婚姻解消後に生まれたが婚姻中に妊娠した可能性のある子

婚姻解消から子の誕生までの期間が最長の妊娠期間を超えない場合、その子が婚姻と結び付けられるのは当然のことである。もしそうでなかった場合には、その子は嫡出否認されうる。しかしながら、この最長妊娠期間については学派間で見解の相違が見られ、そして同じ学派の著者たちの間でも見解の相違が見られる。例えば、ハナフィー派が最短期間として六ヵ月、通常の妊娠期間として九ヵ月、そして最長期間として二年を認めているのに比べ、マーリキー派は四年どころか五年という期間さえも認めている。勿論、法学者たちはこのように遅れた出産がありえると信じていたわけではなかった。少なくとも言えるのは、子はその母の胎内で眠ることがあるという北アフリカに依然として存在する根強い信念に法学者たちが影響を受けていたことである。

寡婦や離縁された妻に課せられるイッダ期間の短さと妊娠の最長期間のあまりの長さは、古典的イスラーム法において多くの問題点（父子関係の争い、子が今の夫と前夫のどちらに属するかを決定することの困難さ、嫡出に関する詐欺行為など）を生み出す可能性があり、諸学派の法学者たちはこの問題点を盛んに議論した。

現代の諸法典は、クルアーン自体が規定するイッダ期間には一般的に触れておらず、月経期間による計算に替えて月による計算を採用するだけにとどめている。反面、妊娠の最長期間は、神のいかなる啓示の対象にもなっていないので、各学派内でそれぞれ独自の解釈がなされていた。従って、現代の立法者たちは避けることが困難な聖典に束縛されず、この問題に関して合理的な規範を定めることができた。

二　認知による親子関係

親子関係を確定することを望む個人は、父子関係あるいは母子関係の宣言をもたらすような効果を持つ行動を自発的に取ることができる。しかし、親子関係は認知を要求された親がこれに同意する場合にのみ確定される。かくして認知によって確定される親子関係を立証するのは、もっぱら、子に対し親子関係を認めることになる男性の行為（A）、あるいは女性の行為（B）である。

A　認知による父子関係（タアッビー　*ta'abbi*）

認知による父子関係は、或る男性が二人の証人の前で自分が子の父であると宣言するか、あるいは子をあたかも自らの子であるかのごとく扱うことで暗黙に父子関係を認める場合に存在する。父子関係の認知は子の嫡出性を決定するが、それは一定の要件が満たされた場合にのみ有効である。

有効性の要件

有効性の要件は全部で三つある。

—認知を行う者は、事実として、認知される子の父でありえた者でなければならない。認知する者と認知される子の間には、実際に一方が他方の息子であることが不可能ではないような年齢の差がなくてはならない。

—認知を行う者は、法的に見て、認知される子の父でありえた者でなければならない。このことは、父子関係の認知は認知を行う者が婚姻をしていた場合にのみ有効であることを意味する。もしその子が自分の母との関係で既に親子関係を確定していれば、認知は認知者がその女性と正規な関係を持とうと思えば持ちえた場合にのみ有効である。要するに、既に子に父として認められる者がいる場合には認知は無効である。というのは、そのような認知は子の親子関係の不正規な性格を肯定することになるからである。

—最後に、父子関係の認知は詐欺行為を隠蔽するために利用されてはならない。もし認知が、相続人の取り分を横領したり、相続の法的順位を変更したりするために用いられるならば、その認知は有効とはみなされない。

認知の効果

認知された子は、その子が正規の婚姻から生まれていた場合と同じ身分に置かれる。その子は、家族の同意を必要とせずに当然の権利として認知者の家族の一員となる。すなわち子は、認知者の両親がその認知に同意しようとしまいと、認知者並びにその両親の相続財産に対し嫡出子としての諸権利を有する。

B　認知による母子関係（タアンムム *ta'ammum*）

有効性の要件は父子関係の認知のための要件と同　であるが、それらの効果には相違がある。

有効性の要件

有効性の要件は全部で三つある。

—母子関係の認知は、女性が認知される子の母でありえた者である限りにおいてのみ有効である。従って母子間には、女性が妊娠可能な期間に妊娠したといえるような年齢差が存在しなければならない。

—認知を行う女性は、法的に見て、認知される子の母でありえた者でなければならない。それ故、その女性は婚姻をしていた者でなければならず、また妊娠は、その婚姻期間中に生じたものでなくてはならない。父とみなされている夫がまだ生きている場合、夫が母子関係の認知を追認する必要がある。夫がそれを拒んだ場合、母による一方的な認知はもはや不正規な親子関係の認知でしかなく、それは不貞行為の告白を意味しており、従って認知は成立しえない。

―認知は法律詐欺を行うことのために利用されてはならない。

認知の効果

夫の生死による区別が重要である。

―有効性の要件が満たされ、夫が妻による認知を追認した場合、親子関係は単に母について確定されるだけでなく、それは同時に父子関係の認知となる。子は夫の家族の一員となり完全に夫の相続権者となる。

―その認知が、かつて婚姻をしていた女性が行ったものであり、この女性が今は亡き男性との婚姻中にもうけた可能性のある子に関するものである場合は、その子の親子関係は母との関係でしか確定されず、その上、この子はその母の家族の一員とはならない。その認知は母と子との間だけの効果しか持たないからである。イスラーム法の家族は家父長制に基礎付けられているので、論理的には、母の認知があっても認知された子と子を認知した母の親族との間ではいかなる親族関係も確定されない。

現代の諸法典はその大半が親子関係の法的特殊性を保持し、特に古典法の父子関係と母子関係の二つの認知を維持しつつ親子関係の問題を扱っている。しかし、唯一改革された点は、父子関係の否認のため遺伝子テストの申立てが可能になったことである。ただし、それは裁判所による厳格な指導の下で行われる。

三　養子縁組による親子関係（タバンニー *tabanni*）

イスラーム以前には、養子縁組はきわめて一般的な慣例であった。養子縁組は養父と養子の間に真の血族関係を生み出していた。従って、養子縁組による親子関係が存在した。養子は養父の姓を名乗り、法によって認められた血族関係から生じる相続の資格とほぼ同じ資格を有していた。養子に関して生じる婚姻障害は嫡出子に関する婚姻障害と同じであった。しかし、クルアーン（三三章四節・五節・三七節）は、クルアーンや伝承によって報告されている明確な出来事の結果として、養子縁組からその法的効果を剥奪することになる。

ムハンマドにはザイナブの夫のザイドという養子がいた。ザイドは、養父ムハンマドが妻のザイナブを欲していると感じた。ザイドはザイナブを離縁し、ムハンマドはザイナブと婚姻をした。この婚姻は、養子による親子関係がこの種の婚姻を禁じていると考えていたイスラーム共同体を驚かせた。そこで、神の啓示（三三章三七節）は今後従うべき規範を規定した。『ザイドがさっぱりと彼女のことを済ませてしまった（完全に離婚の手続きをとってしまった）ので、我らは彼女をお前の妻にしてやった。これは一般に信徒らが、自分の養子の女房でも、完全に用が済んでしまったものであれば自由に（妻にして）よろしいという（規則）を作りたいと思ってしたことであった（これはマホメットがザイドから女房を取り上げたという非難に対して、それには正当な理由があるという主張である）』。この説に直面してイスラームの注釈学者たちは、そのことから先ず、ザイドがムハンマドの家族の一員になっていなかったのであるから、ザイドの妻は一度もムハンマドの家の嫁にはなっていないという結論を導き出した。更に注釈学者たちは、三七節の神の啓示がその時まで養子縁組に認められてきた全ての法的効果を養子縁組から取り去るものであること、つまり養子は養父の嫡出子と同列には置かれえないこと、それ故、もはや養子は養父の姓を名乗ることも養父の財産を相続することもできず、従って、養子縁組は婚姻障害をもはや引起こさないことを導き出した。

「養子縁組はシャリーアと法律によって禁止されている」。この条文（アルジェリア家族法典四六条）は、現代の立法者たちによるこの制度に関する公的見解の注目すべき要約である。もっともほとんどの人は、大抵の場合その制度の存在さえ思い出さないので、その規範が議論されるようなことはありえないであろう。シャリーアに断固として逆らった唯一の国家であるチュニジアは、一九五八年三月四日の法律の中でフランスの養子制度から借用した養子制度を採用しており、従ってクルアーンの規定に照らして全くの異端である。

第二節　親子間における権利と義務

親子関係は、子に対する父の権利義務（一）、子に対する母の権利義務（二）、父母に対する子の権利義務（三）を生み出す。

一　父の権利義務

父の権利は要するに父権（A）を意味し、父の義務は子の扶養（B）を意味する。

A　父権

父権は父権者の人格と本質的に結び付いているので、父権者はそれを放棄することも他人のために手放すこともできないが、自らの監督と責任の下で行動する代理人を介して父権を行使することはできる。父権は子の身体と財産に対する権利を父権者に付与する。

子の身体に対する権利

ジャーヒリーヤの時代には、この権利は無制限の権利であった。父は子の支配者であり、子に対して生殺与奪の権利を持っていた。父は、重罪を犯した子に死刑を科すことのできる家庭の裁判官であるだけでなく、いわば、子を自由に処分することのできる絶対権力を持った子の所有者であった。子が多すぎると思われる場合は、父は子を殺すことによって数を減らすことができ、例えば娘を生き埋めにしたり、飢饉の場合は子を捨てたりすることもできた。ムハンマドは生殺与奪の権利を父から取り上げ（クルアーン六章一四〇節・一五一節、一七章三三節）、娘の誕生が不評判をもたらすことに対して激しく反発した（クルアーン一六章五八節・五九節、四二章四九節・五〇節）。これらの節の啓示以降、父権の性格は根底から修正され、それまでルブービーヤ（支配権）であった父権は、ウィラーヤ（保護権）となった。

このウィラーヤの権利は四つある。すなわち、教育する権利、不品行を罰するために体罰を加える権利（この権利は軽い体罰すなわち跡を残さないものに限られる）、男児を働かせ対価を得る権利、そして最後にジャブルの権利すなわち婚姻強制の権利である。父権の存続期間は学派によって異なり、事情や性別に応じて、婚姻適齢に達していること、成年に達したことの宣言、あるいは婚姻成就と関連づけられている。最後に、このウィラーヤが終了する前に父が死亡したり不在になったりすることが起こりうる。この時この権利は、各学派が指定する他の者によって行使されることになる。すなわち遺言による後見人、裁判官、男系の親族などである。

子の財産に対する権利

クルアーンは子の財産に対して父を真の後見人として認めており、それ故父は子の利益のために子の財産を管理しなければならない。この権利は学派によって異なる。例えば、イスラーム以前の時代の法にきわめて近い立場をとっていたマーリキー派は、法外な権利を父に認めており、なかでも、子の不動産を裁判官の許可を得る必要もなく譲渡することを父に認めている。財産に対する父権の存続期間は身体に対する父権の期間と同一ではない。財産に対する父権は、原則として、子が成年に達して終了する。成年年齢が二五歳と決定されているハナフィー派を除いて、財産に関する成年年齢は、多くの場合、能力の宣言もしくは承認によって認められ、この能力は一定の年齢に達したこと、婚姻適齢に達したこと、あるいは婚姻をしたことなどで生じる。父が死亡している場合、財産に対する父権は特定の者に移行するが、この父権を受ける者もまた学派によって異なっている。

B　父の義務

父が負う義務は父だけに属している。父はこの義務を放棄することができない。父はこの義務を妻にでさえ転嫁することはできない。父は子に食物を与え、子を養育する義務がある。つまり、衣食住と教育の義務である。この義務の期間は子の性別によって異なる。父の義務は息子が婚姻適齢に達して終了するが、息子が精神錯乱者や知的障害者、身体的弱者である場合や、父が息子に仕事を教えることを怠っていた場合は別である。娘に対しては、この義務は更に長期間存続する。この期間については、婚姻をした娘が肉体的に成熟した年齢に達するまで、あるいは娘の婚姻成就や成年に達したことの承認まで延長されるというように、学派によって学説は一致していない。一般的に、古典的イスラーム法学者によれば、娘が働いていない場合、生活費は娘が婚姻をしない限り父が負担しなければならない。従って、婚姻適齢に達していても成年に達していなければ、未婚の娘は年齢に関係なく父により養われることになる。

二　母の権利義務

母の権利と義務は互いに密接に関連している。母は、抱く、抱える、守るなどの行為を表す言葉、すなわちハダーナ（*ḥaḍāna*）の権利（A）を有しており、原則的に、母には子に授乳する義務（B）がある。

A　ハダーナ（子の監護権）

諸学派がこの制度の輪郭に関して意見の一致を見ることはめったにない。ハダーナが生じる時点（1）、その帰属（2）、その存続期間（3）、その内容（4）については、数多くの意見の相違がみられる。

（1）いつ妻はハダーナの有資格者となるか

マーリキー派によれば、ハダーナは両親により共有されており、婚姻の解消によってのみ母の独占的な権利となる。北アフリカの現代の諸法典はこの規定を認めている。これに対しその他の学派は、婚姻中の母の優位性を規定しており、婚姻解消後に関してはマーリキー派と同じく母がハダーナを独占することを認めている。

（2）ハダーナの帰属

ハダーナの帰属は様々な疑問を生み出した。例えば、誰にどのような基準に従って帰属するのか。ハダーナを放棄することは可能か。また、喪失することがありうるか。

ハダーナの帰属者

特定の者のみがハダーナを取得する資格を有しており、その帰属は次の規則に従う。

―女性は男性より優先されるべきである。この規範は理にかなっている。ハダーナは低年齢の子のみを対象にしているため、先ず母に属するからである。仮に母が死亡したり、権利を喪失したり放棄したりする場合には、ハダーナは特定の親族に帰属する。

―女性たちの中では、母方の女性は父方の女性よりも優先されるべきである。母系親族の父系親族に対するこの優位性は、おそらく、ジャーヒリーヤ以前の非常に古い母権制の名残を示していると思われる。

―女性がいない場合、監護権はアサブ（*ʻaṣab*）すなわち夫の男系親族に帰属し、アサブもいない場合には母方の男系親族に帰属する。

―最も近い親等の親族がより遠い親等の親族より優先される。

―同位親等の親族間では、父母を同じくする親族が母のみを同じくする親族より優先され、母のみを同じくする親族は父のみを同じくする親族より優先される。

―同一血縁の同位親等の親族間では、裁判官はハダーナを取得するに最も適していると思われる者にハダーナを帰属させなければならない。

―ハダーナを取得するに適した親族がいない場合は、ハダーナは司法官に帰属し、司法官は子の最大の利益になるように監護権の問題を解決する。

学派間には多くの微妙な差異がみられ、現代の諸法典は一般的にそれぞれ自らが従う学派の制度を採用している。

ハダーナの取得の条件

ハダーナを取得するためには、その資格を有しているだけでは十分でなく、法学者が簡潔に要約している幾つかの資質を示していなければならない。すなわち、身体と精神が健全であること、良い生活を送り素行が良いこと、成年に達していることである。ハダーナが男性に帰属する場合、その男性は婚姻をしていない限りハダーナを保持することができない。これは一般的にハダーナの役割が女性に帰属することの論理的帰結である。

現代の諸法典は、大抵の場合、監護者は「資格ある」者でなければならないことを述べるだけにとどめ、マーリキー派は更に身体の健康の必要性をも明記している。

クルアーンは女性の宗教には何も言及しておらず、注釈者はそこから、キリスト教とユダヤ教に属する人に監護権が帰属することを防げるものは何もないという結論を引き出した。現代の法律がこの問題に取り組むことはまれである。しかしこの問題に取り組む場合には、上記の原則が採用されているが、原則の及ぶ範囲は限定されている。例えばヨルダンの法律は、非イスラームのハダーナ帰属者が母であるか否かを区別し、母でない場合には、その帰属者はハダーナから排除されると定めている。

ハダーナの放棄と喪失

ハダーナを行使することになるはずの全ての者はこれを放棄する権利を有するが、この放棄の権利の行使は制限されている。すなわち放棄は、実際には次にハダーナが帰属するはずの者がその行使を受け入れる場合にのみ可能である。ハダーナは法律上父権から分割されたものにすぎない。となると、母が子の監護を放棄することを認められ、子の状況が必要とする世話を母が与えることを拒めるようなことは理解困難である。イスラームの立法者に放棄の権利を認めることを決心させた理由は、監護の対象が低年齢の子であるからである。すなわち、絶えず細心の注意を必要とする低年齢の子の扶養は、強制されることなく自ら同意した監護者に託されていればより良く確保されるからである。

ハダーナを受け入れた者は、その後監護者としての能力の諸条件を満たさなくなった場合、ハダーナを喪失することがありうる。裁判官は、大抵の場合、父の請求により次の三つの場合にハダーナの喪失を宣告することになる。

―女性の監護者（*haḍina*）が婚姻をするか再婚する場合。婚姻や再婚の相手が子の父でないことから、場合によっては女性が子の監護の任に当たることのできない状態にあるときは、監護者は婚姻後一年以内に喪失の宣告を受ける。

―女性の監護者が住所を変更し、それが遠方のため父が子を監督することができず、特に子の教育権を引き受けることができない状態にある場合。このような監護権喪失の事例は、宗教の異なる者との婚姻（混合婚）によく見られ、現代のマーリキー派の諸法典の中に組み入れられた。

―女性の監護者が子に悪い影響を及ぼす場合、特に子を父から引き離す場合。

（3）ハダーナの存続期間

ハダーナの存続期間は学派によって異なる。例えばマーリキー派では、ハダーナは、男子については婚姻適齢に達するまで、女子については婚姻成就あるいは成年に達したことが宣言されるまで行使される。他の学派、特にハナフィー派は、ハダーナの存続期間を女子については九年、男子については七年と定めている。

現代の主な法典は一般的にこの期間を尊重している。ただし、ハナフィー派に従った法典ではこの期間はわずかに延長されている。二〇〇四年のモロッコ法典は「監護は男女の性別にかかわらず法定の成年年齢に達するまで存続する」と決定することによって大幅な改革を行った。

（4）ハダーナの権利内容

ハダーナの権利の内容は、ハダーナの有資格者である女性の監護者が世話をすることができるように託された幼児や児童を監護することである。

女性の監護者である母が有する固有の義務の他に、ハダーナを行使する者は、子の衣食住つまり子の扶養および教育が確保されるよう配慮しなければならない。扶養によって生じる費用は女性の監護者が負担するものではない。もし子に財産があれば費用は子が負担することになり、子に財産がなければ扶養にかかった費用は父が支払わなければならない。ところで、女性の監護者はその監護の労働に対する報酬を与えられるべきだろうか。マーリキー派は否定する。というのも、マーリキー派は家族としての義務を問題にしており、それは本質的に無償だと考えるからである。他学派によると、もしハダーナを委ねられた者が父以外の者であるときには、費用を返済してもらうこととは別に報酬を受け取る権利がある。ハダーナを委ねられた者が母であるときには、ハダーナの行使が婚姻中になされたか婚姻解消後になされたかに応じて区別しなければならない。婚姻中であれば監護の労働への報酬は与えられない。
現代の諸法典は全体的にみてこれらの区別を採用している。

B　母の義務

その行使が権利であると同時に義務でもあるハダーナの他に、母は自分の子の授乳という特別な扶養（ナファカ）の義務を負うことがある。この授乳には義務的なものと任意的なものとがある。

義務的授乳

義務的授乳の原則はクルアーン（二章二三三節）に定められている。すなわち『（妻が既に）母になっている場合は、もし授乳を完全に終わらせたいと思うものは子供にまる二年間乳を飲ませるがよい』。母が自分の子に授乳することが肉体的にできないときは、クルアーンに定める期間である二年間は自分の費用で乳母をあてがわなければならない。この期間は夫の同意を得て短縮することができる。

任意的授乳

母は次の二つの場合に授乳を拒否することができる。母の社会的地位が高い場合、あるいは母が取消し不可能な離縁の対象となった場合である。しかし、離縁された妻が授乳する場合は、クルアーン（六五章六節）に従って、扶養の支払い義務を負う夫にその費用の支払いを要求することができる。

現代法はシャリーアにきわめて近い。しかしながら、アルジェリアやイラクの法典にみられるような幾つかの条文はクルアーンの規範を採用せず、扶養の義務として母が授乳する場合は完全に無償であることを規則として定めている。

三　子の権利義務

子の権利とは、扶養義務を果たすように両親に対して要求する権利である。両親に対する子の義務は二種類ある。第一に道徳上の義務であり、これはクルアーンの倫理の本質に属する尊敬の義務である（二四章五八節・五九節）。第二に法律上の義務、すなわち両親が困窮しているときに子が服さなければならない扶養の義務である。この義務の原則も同様にクルアーンの中にあり（一七章二六節）、以下のような問題が古典的解釈の対象となった。誰が子に対して扶養料を要求する権利があるか。どのような場合に子は扶養料の支払い義務を負うか。扶養料の金額はいくらか。複数の支払い義務者がいる場合に扶養料の支払い義務はどのように分担されるか。

誰が子に対して扶養料を要求する権利があるか

大多数の学派によれば、子は婚姻締結を禁止されている親等にあたる全ての親族に対して扶養料を支払う義務がある。唯一マーリキー派は他の学派と異なりその範囲を驚くほど制限している。すなわちマーリキー派においては、子は父母とその奉公人以外の者に対し扶養料支払いの義務を負うことはない。とりわけ、兄弟姉妹、父の他の妻たち、再婚した母の夫などに対して子はいかなる扶養の義務も負わない。

どのような場合に子は扶養料の支払い義務を負うか

大多数の学派は同じ規則を採用している。扶養料を要求された子が自ら生活費を得ており、反対に、扶養料を要求している者が働くことのできない場合には、子は労働の結果得た財を扶養要求者と分け合わなければならない。マーリキー派は子の富に応じて区別を設けている。子が裕福な場合、扶養料を要求する親が自らの貧困を正当化したときには、子は扶養料を与えなければならない。財を親に分け与えると子が苦しくなるほど不十分な財しか持っていない場合には、子が援助すべき義務について学説上の論争がみられる。

扶養料の金額はいくらか

扶養料の金額は、扶養料を要求する権利がある者の困窮度と支払い義務者の財力によって決まるが、確定される金額は当然最終的なものではなく、各当事者の事情の変化に応じて変わりうる。扶養料の金額は通常合意によって決定されるが、合意に達しない場合は裁判官によって決定される。

複数の支払い義務者がいる場合に扶養料の支払い義務はどのように分担されるか

この問題が生じるのは、相続に関して子は全て同等に扱われるわけではなく、息子は娘の二倍の財産を受け取るからである。それ故法学者たちは、支払い義務者が複数いる場合に、娘が支払うべき負担額は息子の半分のみであると認めることが理にかなっているか否かを問題にしてきた。この問題は全ての学派において今なお議論されている。しかし、扶養料を支払う義務のある者たちを卑属か否かによって区別することに基礎を置く見解が有力であるように思われる。すなわち、もし支払義務者が卑属であれば、扶養料の金額は全支払義務者の間で均等に分割され、娘たちは息子たちと同額を負担しなければならない。なぜならば、全員が推定相続人としてではなく子として支払いを義務付けられているからである。これに対して、卑属以外の親族が扶養料を負担すべきときは、金額は各人の相続権の割合に応じて配分される。というのも、この場合、扶養料は推定相続人として義務付けられているからである。

現代の諸法典はそれぞれ異なった学派に従っており、これらの法典から画一的な規則を導き出すことはできないであろう。或る法典は全面的にマーリキー派の規則を採用し、別の法典はハナフィー派の規則に従い、またシャーフィイー派の法が優位を占めるものもあり、更に諸学派を折衷したものなどがある。

第四章　未成年者の後見（ウィラーヤ *wilāya*）

ハダーナ（子の監護権）によって与えられている子の身体の保護は、ウィラーヤ（固有の意味での後見）が意味している子の財産の保護とは注意深く区別されねばならない。この後見はどのような制度か（第一節）、後見人の権限はどのようなものか（第二節）、後見人の財産管理はどのように監査されているか（第三節）。

第一節　後見制度

イスラーム法においては、未成年者に両親がいようと未成年者が孤児であろうと重要なことではない。未成年者にとってはウィラーヤというただ一つの制度しか存在しない。すなわち後見の制度である。子は出生と同時に後見の下に入る。後見はどのようにして終了するか（一）。誰が後見人になるか（二）。

一　後見の終了

イスラーム法において後見は二つの仕方で終了する。一つはフランス法と同様に未成年者の死亡により終了し、もう一つは未成年者の財産管理能力の証明（タルシード *tarshīd*）によって終了する。後見は被後見人が特定の年齢に達することで停止するわけではない（唯一の例外として、ハナフィー派はウイラーヤの終了を二五歳と定めている）。また後見は未成年者の婚姻によっても停止することはない。タルシードによってのみ未成年者は完全な成年として認められうる。

自国の身分法を法典化したイスラーム諸国は、成年に達する年齢を定めることによって古典的な規則から完全に離れ、この年齢を一般的に二一歳と定めている。だからといって、タルシードが消滅したわけではない。幾つかの法典（とりわけモロッコとチュニジア）は、法定の成年年齢以前に財産管理能力の証明がなされることを予想した規定を明白に定めている。

従って、この財産管理能力の証明は二つの条件を前提にしており、これによって被後見人は決定的に後見から解放される。すなわち、婚姻適齢に達していること（A）、無能力者に財産管理能力のあることが後見人あるいは裁判官によって承認されること（B）である。

A　婚姻適齢に達していること

多くの学派では、人は婚姻適齢に達することにより身体に関して成年として認められる。それ故、婚姻適齢に達した個人は、原則的に、自分の身体に対しては自由に身を処すことができるが、財産については自由に処分できず未成年の状態にとどまる。従って、二種類の未成年（これに対応して二種類の成年）が存在する。一つは身体に関する未成年、すなわち婚姻適齢に達していない限り存続し、いわゆる身体的な成年に達するまで続く未成年である。もう一つは財産に関する未成年、すなわち婚姻適齢に達した後も存続する可能性があり財産管理能力の証明によって終了する、いわゆる財産的な成年に達するまで続く未成年である。

B　後見人あるいは裁判官による無能力者の財産管理能力の承認

この承認は裁量によるのであろうか。承認する際に後見人が絶対的権限を持つのであろうか。クルアーン（四章六節）は明白に後見人に裁量があるという原則を定めている。しかし、慣行は子の性別に応じて一般的に区別を設けてきたようである。男子の被後見人に関しては後見人による評価の権限は異論の余地なく裁量によるが、女子の被後見人に関しては多くの論争がある。事実、一部の法学者たちは、娘に対して絶対的権限を持つのはウィラーヤを付与された父だけであると考えており、父以外の後見人に対してはこの権限を認めていない。この論争の結果は学派によって異なる。例えば、マーリキー派においで支配的と思われる意見によると、父と遺言後見人だけが女子の被後見人に財産管理能力があることを宣言する裁量権を持ち、裁判官は審査によって財産管理能力が認められた後にのみ、女子の被後見人を成年者と宣言することができる。

いずれにせよ、タルシードが父による場合、そして男子の被後見人に関する場合、タルシードは黙示的でありうることが一般的に認められている。これ以外の全ての場合は、財産管理能力の証明は明示的に宣言されなければならない。

二　誰が後見人になるか

ウィラーヤを与えられる資格のある者は誰か。後見を行う能力が認められるための条件は存在するか。学派によって微妙な差がある。

マーリキー派では、後見は第一に父に属し、次に遺言後見人（ワスィー ***waṣī***）に、そして最後に裁判官に属する。ハナフィー派とシャーフィイー派では、後見は第一に父に、次に遺言後見人に属し、更にその遺言後見人によって指定された遺言後見人に属し、その次に父方の祖父、更にその父方の祖父によって指定された遺言後見人に、そして最後に裁判官に属する。裁判官が後見を引き受けることになった場合、裁判官は自ら選任する後見受任者（ムカッダム ***muqaddam***）を介して間接的に後見を行う。

後見を行うためには、更に次のような幾つかの条件を満たさなければならない。イスラーム教徒であること、健全な精神を持っていること、自ら適切な行動がとれ他人の所有物を管理できる状態にあることである。しかし後見人は必ずしも男性である必要はない。それ故、母は法定後見人にはなれないが、遺言によって後見人に指定されることはありうる。しかし、母はイスラーム教徒でなければならない。従って、キリスト教徒の母は、ハダーナは付与されるがウィラーヤを付与されることはない。イスラーム教徒の学者たちはハダーナを自然法上の制度と考え、ウィラーヤを公的な職務と考えたのである。尊敬に値する人物でなければならないという上記の要請をどのように考えるかについては現代の立法において相違が見られる。幾つかの立法はアダーラ

（*ʻadāla*）を要求し、従って明白に後見人は敬虔で誠実なイスラーム教徒でなければならない。他の幾つかの立法は、後見人が有能、勤勉、実直であることを単に意味するアマーナ（*amāna*）のみを要求している。最後にそれ以外の立法は、父が死亡した場合に母に正当な後見を付与している。

後見の付与は決定的なものでも取消し不可能なものでもない。後見人は裁判官の監督の下に置かれている。従って、裁判官は未成年者の利益のために必要であると判断したときには、たとえ後見人が父であったとしても、後見人に一種の後見監督人をつけたり、後見人を取り消したりすることができる。

第二節　後見人の権限

後見人の役割、権利、権限について言えば、イスラーム法とフランス法の間には大きな類似性がみられる。この類似性は、後見と保佐に関するローマ法の規定に明らかに影響されたハナフィー派についてとりわけ顕著である。イスラーム法においては、フランス法と同様に、後見人は市民生活のあらゆる行為において被後見人を代理する資格を有する。この代理は義務である。後見人が義務を果たさないことは、後見人が何を履行したかと同じように責任問題となる。かくして、後見人は被後見人の名においてそして被後見人の利益のために行為を完遂し、それ以後その行為は被後見人によって正当になされた行為とみなされる。この権能の範囲には幾つかの制限があり（一）、後見人はその限界を超えることはできない（二）。

一　ウィラーヤの制限

後見人の権能は絶対ではない。後見人には或る種の行為が明白に禁じられている（A）。他の行為は一定の形式が満たされる限り受け入れられる（B）。

A　後見人に明白に禁じられている行為

これには二種類の行為がある。先ず、被後見人の財産を補償なしに奪う行為である。例えば、後見人は被後見人の財産を贈与することはできない。というのは、このような行為は補償がない限り必然的に財産を減じるからである。次に、後見人と被後見人を利害相反の状態に置く行為である。例えば、後見人は自分自身に属する財産を被後見人に売ることを禁じられている。しかし、両者を利害相反の状態に置くような行為が避けられない場合、例えば後見人と被後見人の死亡した父との間で訴訟が係争中の場合には、被後見人にその都度別の後見人を付けなければならない。

B　後見人が一定の形式を遵守する場合に限り実行しうる行為

これらの行為には、被後見人の所有する不動産の処分権を奪う行為（完全所有権の譲渡、所有権の部分的譲渡）だけでなく、被後見人の不動産を直接的あるいは間接的に危険にさらしうる行為（不動産に関する訴訟、取引など）も含まれる。というのも、この行為の結果は被後見人を害する恐れがあり、被後見人の財産を減少させかねないからである。

後見人はこれらの行為を裁判所の許可を得て初めてなすことができ、その許可は以下の二つの場合に限り与えられうる。すなわち、絶対的な必要性の存在（例えば、未成年者が差押さえられる恐れがあり、債権者に弁済するために不動産を売却する必要のある場合）と明確な利益の存在（例えば、買主が不動産に望外の価格を提示した場合）である。譲渡は、ひとたび司法官によって許可されれば、その法廷で競売により行われることになる。更に裁判官が、譲渡の対価として受け取った金銭がどのように使われているかを監督しなければならない。明確な利益の存在を理由に譲渡がなされた場合には対価の総額は他の財産の購入に使われることになる。また、例えば差押さえを回避するための絶対的な必要性から譲渡がなされた場合には、債権者に弁済され、なおも残金がある場合それは不動産の購入に使われなければならない。

二　後見人の権限に関する諸規則

この諸規則は想定しうる異なった典型的な事例ごとに定められている。

未成年者が単独で行為した場合

この行為は正規の行為ではない。その行為が承認の対象になるかならないかに応じて区別がなされるべきである。もし後見人が承認することに同意していたならば、もしくは、後見人の同意がない場合でも未成年者が成年となった後で本人が承認したならば、その行為は訴えられることはない。もしその行為が承認されていなかったならば、たとえそれが被後見人に利益をもたらしたとしても、当該行為は被後見人の無能力に基づいているので訴えられ無効とされうる。

後見人が明白に禁止されている行為をした場合

イスラーム法は一つの区別を設けている。後見人の行為が被後見人に財産の減少しかもたらさないという理由で後見人に禁止されている場合は、その行為は無効とされる。そして、不正な行為がなされたことが証明されれば、それだけで、無効の訴えを受けた裁判官はそれを受理しなければならない。反対に、後見人の行為が後見人と被後見人を利害相反の関係に置くという理由によってのみ禁止されている場合、取消しが問題となるのは過剰損害が生じた場合に限られる。この場合、不正な行為がなされたことを証明するだけでは十分でなく、損害を証明することが必要となる。

後見人が一定の形式を遵守して行わなければならなかった行為を遵守しないで行った場合

この点については、諸学派間にも、同じ学派の学者間にも意見の一致が見られない。或る学者は形式が遵守されていないことを理由に絶対的無効が存在すると考え、また他の学者は過剰損害があったことを示すためには損害を立証しなければならないと主張する。

後見人が適法に権限の範囲内で行為した場合

この場合、後見人によってなされた行為は、被後見人に過剰損害があったとしても、それを理由に訴えられることはない。ハナフィー派を除いて全ての学派がこの規則に従っている。ハナフィー派は、明らかに後期ローマ帝国の立法に着想を得て、後見人が適法に行為したときでも被後見人に重大な過剰損害が生じている場合には、行為の取消しが要求され許可されうることを認めている。

第三節　後見人の財産管理に対する監査

古典法には幾つかの点で不備が認められる（一）。多くの国において、これらの不備は未成年者の利益をより強く保護する新しい規範によって補充されている（二）。

一　古典法

後見人の任務は、被後見人の死亡、タルシード（未成年者の財産管理能力の証明）、後見人の死亡または解任によって終わる。この任務の期限が終了したならば、後見人は管理の計算書を提示する必要がある。後見に関する計算書の提示が被後見人の死亡を理由とする場合は、この計算書は被後見人の相続人に提出されることになる。被後見人が成年であることの証明がなされた場合は、その計算書は被後見人であった者に渡される。後見人が死亡した場合、後見人の相続人が計算書を裁判官に提出することになる。後見人が裁判官によって解任された場合は、後見人は自ら裁判官に計算書を提出することになる。計算書を提出するとき、後見人は自分に管理が委ねられていた全財産を返還しなければならず、自分が受領した収入と支払った支出の正確な計算書を提出し、それらの正しさを証明しなければならない。この証明は、フランス法とは異なり書面ではなされず、クルアーン（四章六節）に従って証人を立ててなされることになる。

後見に関する計算書は、後見人に対する債権を未成年者に帰属させていることもあるし、あるいはまた、後見人を被後見人であった者の債権者としていることもある。被後見人が債権者である場合には、あらゆる債権者が債務者に対して権利を行使しあるいは行使しうるように、被後見人は後見人に対して権利を行使することになる。他方、後見人が債権者である場合には、後見人が自身の債権を守るために保持している被後見人の全ての財産を手放さないようにしていたとしても、クルアーン（四章二節）に従って後見人には財産を保持する権利は認められない。

イスラーム法には、法定抵当権もなければ、後見職の就任時に後見人に要求される法定保証人も存在しない。未成年者の後見に関する親族会もなければ、常任の後見監督人もいない。後見人による財産管理に対して被後見人が有する唯一の保証は、後見人による財産管理に対する裁判官の監査権だけである。この裁判官の監査は、先ず、特定の行為が行われる際に行使されうる。例えば、後見人と被後見人の利益が相反するような行為が避けられない場合、裁判官のみがその時々に別の後見人を選任する権限を持つが、とりわけ裁判官は全ての後見人の財産管理全体に対する監査と監督の一般的権限を有する。この権限は次のような場合に現れている。裁判官は説明を要求し、場合によってはその後叱責する権限を持ち、また必要があれば保全措置を講ずることが認められている後見監督人を追加することができ、更には不誠実な後見人を罷免する権限さえ有している。しかしながら、監査権の行使の射程は、後見人が誰であるかによって限定されることになる。

—後見が父によって行われる場合には、裁判官による監督は大所高所から行われるにすぎない。というのは、父と子を結ぶ親族の絆と愛情の故に後見が正しく行われると推定されるからである。全ての学派は特別に重大な行為だけに裁判官の介入を限定することで一致している。このことは現実に父の後見に対しては監査が全くなされていないことに示されている。

—後見が遺言後見人によって行われる場合には、学派の区別なく全ての法学のテキストは、より注意深い監督の行使を裁判官に認めている。些細な不正行為でも理論的には罷免を正当化できる。しかしながら、裁判官は任務の遂行に際して一定の節度を保たなければならない。なぜならば遺言後見人は父によって選ばれているからである。裁判官に対しこのような抑制を勧めることは、遺言後見人の管理に対して真剣な監査が全く行われていないことに事実上現れている。

—後見が裁判官により選任されたムカッダム（後見受任者）によって行われる場合には、裁判官は自らの監査権と監督権を行使する際にもはや法学のテキストによって拘束されることはない。裁判官は自分が良いと思うときに、そして良いと思う仕方で介入する。このような介入は、ムカッダムが実際には後見人ではなく裁判官の単なる受任者であり、ひとたび選任した後も委任者はそれを任意に取り消すことができるという考え方から単純に導き出される帰結である。とはいえ、現実にはこれとは異なり裁判官の監査は常に寛容である。まさしくそれはムカッダムが裁判官の受任者であり、裁判官は受任者の行為に責任を負っていることによる。受任者に責任ありと断定することは裁判官自身に責任があると認めることであり、裁判官はこのように断定することを常に躊躇するからである。

従って、裁判官の監査権と監督権は全くもって不十分なものであり、それ故大半のイスラーム諸国では後見が父以外の後見人により行われる場合に関して改正がなされた。

二　現代法

この改正では、異なってはいるが相互に補完的な二つの方法が採用された。司法上あるいは準司法上の組織が創設され、裁判官に代わり後見の一般的監査の任務を果たすようになった。他方、後見人の権限を明確にし、後見人の計算書を監査するための法律が公布された。

エジプトでは、一八七三年以来、マジュリス・アル・ハビー（*majlis al-habī*）という一種の後見監督会議が創設され、この領域における一般法上の裁判官の全権限はこの会議に委議された。同様にイラクは一九三四年に、チュニジアは一九五七年に、後見を審議する特別な司法組織を創設し、モロッコは一九九三年に未成年者の後見に関する親族会を創設することによって同様のことを行うことになる。

後見人の権限は更に様々な法学のテキストによって制限されてきた。しかし法定後見人であるワリーに関しては、一般に制限的な措置の対象にはなっていなかった。ところが幾つかの国、特にスーダン、シリア、エジプト、アルジェリアは、被後見人の不動産の売却に関して法定後見人の権限を制限することを躊躇しなかった。他方、遺言後見人であるワスィーの権限の制限は身分法を法典化した国々が一致して採用している。ワスィーはそれ以後、後見の対象となる大多数の行為に関して裁判官に服することになる。現代のほとんど全ての法典はワスィーに対して最も厳格な計算書の提出を義務付けている。更に、それらの法典は、未成年者が法定後見人または遺言後見人の行為によって危険にさらされる恐れがあるたびに別の後見人の選任を義務付けることを躊躇しなかった。後見人の利益が未成年者の利益と相反する可能性がある場合は特にそうである。最後に、古典法学によって辛うじて輪郭を与えられた後見監督人、すなわちムシュリフ（*mushrif*）ないしナースィル（*nāṣir*）もまた後見人を監査するために幾つかの立法の中に登場している。

第五章　相続（ファラーイド *farāʾid*）

ジャーヒリーヤの時代、厳密な意味での家族には男性しか含まれていなかった。女性はいわば法人格を持っておらず、程度の差こそあれ家産の一要素にすぎなかった。婚姻後も女性は夫の家族の中でそれ以上の存在にはならず、夫が死亡すれば他の相続財産と共に夫の相続人に引き渡された。家族はこのように構成され、女性には相続の資格がないと考えられていた。相続上の資格は男系親族の男性のためにのみ存在していた。

ムハンマドは、男系親族の男性に認められたこの相続の資格を維持した。しかし、ここが革新的なことであるが、ムハンマドは一定の女性と一定の女系親族が相続することを認めたのである。すなわち、娘、父母を同じくする姉妹、異母姉妹、母、異父兄弟である。しかしそうすることでムハンマドは、母権制が明確に残存するメッカで認められていた慣習を一般化させたにすぎなかったと思われる。というのも、メッカでは昔から女系親族の存在が認められており、その上、商業の町メッカは、男性と男系親族が相続するのと同様に女性と女系親族が相続することを認めていた人々と常に交流があったからである。かくして、預言者ムハンマドはイスラーム時代以前の古いアラビアの慣習とメッカの特殊な諸慣習を結合させたにすぎなかったといえる。確かに、女性のためにムハンマドによって実現された改革は、メッカ出身の教友（アスハーブないしサハーバ）には難なく受け入れられたが、メディナ出身の援助者（アンサール）からは非常に激しく反対された。かくしてイスラーム法における相続人の二つの大きなカテゴリーの共存はこのことで説明がつくだろう。一つは、アラビアの太古からの慣習によってアサブとよばれている相続人、すなわち男系親族の男性である。もう一つは、預言者によって実現した改革の故にファルド（*fard*）分の相続人とされた人たちであり、その大部分は女性あるいは女系親族である。

イスラーム法においては、特にフランス法とは異なり、相続人は相続債権者の利益のために相続財産の清算を義務付けられた財産の承継者にすぎない。ただし、相続人は所有権を当然の権利として与えられており、相続財産の占有付与を裁判官に申し立てる必要はない。それ故、相続人は被相続人の人格の承継者ではない。相続人は自分が受け取る財産の価額を限度として相続上の債務を負うにすぎない。事実、債権債務関係はイスラーム教徒にとって厳格に個人的なものである。債権者は原則として自分の債務者しか知らないし、自分の債務者しか知ることができない。故人の相続人は債権者の個人的債務者ではないので、債権者は相続人に対していかなる訴権も有していない。債権者は、自分の債務者によって残された財産に対してのみ訴権を有し、それ以外の財産には訴権を有しえない。

かくしてイスラームの立法者は、相続財産に関する債権者の権利を保護するために、そして債権者の唯一の抵当である財産が相続人の財産と混同されることを防ぐために次のような措置を採るに至った。すなわちイスラーム法は、或る個人が死亡したときは先ず始めにその相続財産を清算すべきであること、つまり債権者がいるか否か、債権者に支払う理由があるか否かを確認しなければならないことを原則として定めた。相続財産が清算された後初めて、相続人は自らを相続人として主張し、相続財産を処分できることになる。従ってイスラーム法上の相続人は何よりも先ず清算人であり、しかも必然的な清算人である。すなわち、相続人はこの責務を免れることはできない。なぜならば相続財産に関するイスラーム法の規定は強行規定であり、公の秩序という特性を帯びているからである。この強行規定の原則は次のような三つの帰結に現れている。

―人は法が相続を認めている者たちを直接的に自分の相続から廃除することはできない。法が相続を認めている者は相続から廃除されることはない。この規範はクルアーンに定められている。すなわち、法により相続が認められている者たちは相続財産の『所定の割当て分』（四章七節）に対する権利を有している。

―人は法が相続を認めている者たちを、自分の財産を無償で処分することによって間接的に相続から廃除することはできない訳注(一)。

―人は法律上の相続順位を変更することはできない。人は法によって定められている相続人それぞれの地位に変更を加えることはできない。この規範の根拠はクルアーン四章三三節である。すなわち、イスラーム法は相続人を指名し、各自の相続分を確定し、そして親族の親等および性別に応じて相続人それぞれの地位を定めている。かくして相続権は家族の身分によって定められている。従って、もし或る者が自由に処分可能な財産を相続人のうちの一人に与えることにより相続上の地位を変更することを望んでも、この遺贈は無効である。

ファラーイドはこのように強行規定により一定の限界内に留められ、単純だが完全な統一体を形成している。この問題についての聖典上の規定は豊富にある。注釈者たちは解釈と類推の技術によってクルアーンとスンナを更に発展させてきた。しかし、法学者は預言者ムハンマドによって仕上げられた最初の構成に現実にはほとんど何も追加していない。預言者が根本的に重要な役割を果たしたことは、相続の資格（第一節）に関する分析においても、そして相続人の順位（第二節）においても明らかである。

第一節　相続の資格

相続の資格は、相続の開始（一）と相続が認められるための一定の諸条件（二）を前提とする。

一　相続の開始

相続は通常死亡によって開始する(A)。ただし、例外的に相続が死亡以前に開始することがある(B)。

A　原則　相続は死亡によって開始する

死亡には現実の死亡と推定上の死亡がある。現実の死亡は、証人や正規の証明書によって確認されるので確実な死亡である。推定上の死亡は人の失踪後一定期間が経過することによって推定される。しかし、死亡が推定されるためには、人の死亡が単に真実らしく思われるだけでは十分ではない。真実らしさは確認されねばならず、裁判官のみが確認を行う資格を有する。裁判官の前で、問題となっている者が人間の最長寿命の極限を超えていると立証されたときがこれに当たる。この極限の年齢は、マーリキー派においては著者により七〇、七五または八〇歳とされており、他の学派においては著者により九〇、一〇〇または一二〇歳とされている。

B　例外　相続は死亡以前に開始することがある

背教によって民事死が生じた場合に相続は開始しうる。背教者は背教の撤回をしなければ処刑されねばならない。しかし、背教者は処刑された時に死亡したとみなされるのではない。この者は背教によってイスラーム共同体から自らを引き離したのであり、この時点から相続が開始するのである。相続人は背教者が背教以前に所有していた財産しか要求できない。たとえ背教者が背教から処刑までの間に新しく財産を取得していたとしても、相続人から見れば背教者は既に死亡していたとみなされるので、相続人はその財産に対する相続権を主張することはできない。同様の理由から、全ての学派において背教者の婚姻は処刑の時点ではなく背教の時点で解消すると定められている。ハナフィー派においては、これらの解決は男性の背教者にのみかかわり、女性の背教者が死刑に処せられることはない。女性の背教者は投獄され、自然死のとき以外は死亡した者とはみなされず、従って女性の背教者の財産は、自分はその死亡時に相続人であったと主張する権利を持つ人々による相続の対象となる。しかし、シャーフィイー派においては背教者の相続は開始することはない。というのも、この学派の法学者たちは、背教者が背教を撤回せずに刑を執行されるにしても、刑の執行前に自然死により死亡に至るにしても、背教者はいかなる相続財産も残すことはないと考えるからである。それ故、背教者が背教の前に取得した財産か後に取得した財産かに区別はない。全財産は没収され国庫すなわちバイトゥル・マール（*Bait al-Māl*）に入れられねばならない。

二　相続に必要とされる条件

この条件は全部で三つある。相続開始時に生存していること（A）。相続権者の資格を付与する絆によって被相続人と結ばれていること（B）。相続無能力でないこと（C）である。

A　相続権者が相続開始時に生存していること

相続を主張する者は相続開始時に相続権者が生存していたことを立証しなければならない。この立証は証人によってなされる。これが原則であるが、イスラーム法は相続開始時に胎内に宿された子のためにこの原則に例外を付け加えている。

原則

不在者の場合は別として、生存の立証は本来いかなる困難も伴わない。しかし、通常は相続人とされる者が、実際には相続開始時に不在の場合もありうる。この場合、その者が生存しているかどうかは不確実である。相続人とされる者の相続分は、その後本人が現れた場合にその者に渡すために留保される。もその者が現れない場合には、イスラーム法学（フィクフ）は想定される二つの事例を考慮している。

し不在者の死亡が立証され、その死亡が相続開始以降であることが立証されたならば、その者の相続人たちはその者に帰属する相続分を自らの権限で請求することが認められている。もし相続開始時に不在者が既に死亡していることが立証されたならば、その者のために留保されていた相続分は、その者の共同相続人たちに与えられるか、またはその者が唯一の相続人であれば、後続順位の相続人に与えられる。しかし、不在者の死亡を立証できず、不在者の生存が人間の最長寿命の極限に達する日まで不確実であり、このことを確認する判決が下された場合には、不在者の消息を最後に得た日から不在者は死亡しているとみなされなければならない。この規則の適用によって相続の開始以前に不在者が死亡しているとみなされるならば、不在者の相続人は、不在者のために留保された相続分を自らの権限で請求することはできない。

例外

イスラーム法の著者たちは、フランスの立法者と同様に、相続開始時に胎内に宿っていた子は、生存しているとみなされることがその子のためになる場合には、一般的には生存しているとみなされなければならないと考えている。従って、相続開始時に子が既に胎内に宿っており、そして生きて産まれたということを立証しさえすれば、人は胎児の権限で相続分を請求することができる。事実、子が生きて産まれた直後に死亡しても、その子の権限において相続は請求されうる。それ故、子が育つかどうかは重要ではない。

B　相続権者の資格が付与される根拠

根拠は二つある。今日においては、親族関係と婚姻のみが相続権者の資格を基礎付ける伝統的な根拠である。

親族関係

親族関係は尊属と卑属を結びつける絆である。これは血縁による親族関係であり、相続権の諸原因の原型である。それ以外の原因、例えば主人と解放奴隷の関係は、血縁との類比により擬制的に、死亡した解放奴隷の財産を主人が相続する資格の根拠として認められていた訳注(二)。

婚姻

配偶者の一方が死亡した場合、生存配偶者は他方を相続することができる。この原則は全ての学派で認められているが、シーア派の法が認めている一時婚に関しては、この原則は当てはまらない。

C　相続無能力

相続無能力となる原因のうち、一つは絶対的な原因であり、それ以外は相対的な原因である。

背教

背教は相続の絶対的無能力を引き起こす。背教者はどのような相続が問題になろうと相続の全ての資格を奪われる。背教者は民事死に処せられることからこの解決は全くもって当然のことである。他の二つの原因、すなわち殺人と宗教の相違は相続の相対的無能力を引き起こす。

殺人

殺人は学派によって異なった評価がなされており、またその主観的な重大さに応じても異なる取り扱いがなされている。マーリキー派においては、故意の殺人のみが相続無能力の原因とされている。従って、非意図的な殺人を犯した者は殺された者の財産を相続することができる。しかし、殺人を犯した者の相続分からその者が支払わなければならない血の代価（殺人賠償金）が差し引かれることになる。他の学派においては、非意図的な殺人の場合にも相続無能力となる。

宗教の相違

大抵の場合、宗教の相違は相続の相対的無能力を引き起こす。先ず、キリスト教徒やユダヤ教徒はイスラーム教徒の相続人にはなれない。これは、キリスト教徒やユダヤ教徒の共同体がイスラーム教徒の共同体に損失を与えて富を得ることを防止するためである。次に、イスラーム教徒の方もキリスト教徒やユダヤ教徒の相続人にはなれない。これは、相続への欲望によってイスラーム教徒の男性とキリスト教徒やユダヤ教徒の女性との混合婚が増加し、イスラーム教徒の家族の内部に異教徒に影響された家庭が生まれてしまうことを防ごうとしたためである。最後に、ウンマ（イスラーム共同体）の枠内では、キリスト教徒はユダヤ教徒を相続しないし、またその逆もない。マーリキー派とハンバリー派によって定められたこの規則は、クルアーン（五章四八節）を法源としている。『我らは汝らのそれぞれに（ユダヤ教徒、キリスト教徒、回教徒、それぞれ別々に）行くべき路と踏むべき大道（法規や道徳的行動の基準）を定めておいたのだから』。当時これらの学派の注釈学者は、異なる宗教の信徒間ではいかなる交わりも不可能となるように、各々の宗教的共同体は一定の区画の中に閉じ込められていたと考えていた。これに対しハナフィー派とシャーフィイー派は別の選択肢を選んだ。この二つの学派は、キリスト教徒がユダヤ教徒を相続できることを認め、またその逆も認めている。というのは、キリスト教徒とユダヤ教徒はいわば同じ法的カテゴリーに属する啓典の民だからである。

これら二つの原因による相続の相対的無能力は一身上のものであり、それは親族にまで及ばないし、無能力者の最近親者にさえ及ばない。すなわち、この二つの原因のうちいずれかによって相続から除外された相続人は他のいかなる相続人も排除しない。

第二節　相続人の順位

イスラーム法は相続人を大きく二つのカテゴリーに区別している。第一はファルドの権利、すなわち相続の先取り分の権利を有する相続人（一）、第二はアサブ、すなわち男系親族の相続人あるいはこれと同一視される相続人であり、これらの者はファルド分の先取りが行われた後に残る相続財産に対して権利を有している（二）。ハナフィー派においては、これら最初の二つの種類の相続人に加え、男系親族がいない場合にはザウール・アルハーム（*dhawū l-arḥām*）すなわち女系親族に相続権が認められる（三）。これら三つの種類のいずれかに属する相続人がいない場合には、相続財産は国庫に帰属する（四）。

一　ファルド分の相続人

ファルド分の相続人の地位の本質的な特徴は、法がファルド分の相続人のために一定の相続分を留保し、ファルド分の相続人はこの相続分以外のいかなる相続財産も受け取れないことである。これが原則であり（A）、この原則の適用はしばしば不可能なことがある（B）。

A　シャリーアに規定された規範

ファルド分の相続人は父と母（１）、生存配偶者（２）、娘（３）、異父兄（弟）と異父姉（妹）（４）、同母同父の姉（妹）（５）、異母姉（妹）（６）である。

（１）尊属

クルアーン四章一一節は父と母の権利を定めており、イジュマーは一定の尊属を父母と同一視している。

父と母

クルアーン四章一一節『両親の方は、（被相続人に）男の子がある場合は、どちらも遺産の六分の一ずつ。子供がいなくて、両親が相続人である場合には、母親に三分の一。彼に（子供はいないが）兄弟があれば、母親は、彼が（他の誰かのために）遺言しておいた分とそれから負債とを引き去った残額の六分の一を貰う』。この場合「男の子」という言葉は、注釈者たちによれば、息子、娘、あるいは被相続人より先に死亡した息子から生まれた孫息子と孫娘、そして被相続人より先に死亡した息子の子である孫息子から生まれた曾孫の男子と曾孫の女子を意味するものと解釈しなければならない。そしてここで「兄弟」という言葉は、同母同父の兄（弟）、異母兄（弟）、異父兄（弟）、あるいは同母同父の姉（妹）、異母姉（妹）、異父姉（妹）、または、同母同父の兄（弟）と姉（妹）、異父兄（弟）と異父姉（妹）、異母兄（弟）と異母姉（妹）を意味するものと解釈しなければならない。従って、クルアーン四章一一節は次の二つの解決を認めている。

―故人が一人の子を残した場合、父は六分の一、母も六分の一を受け取る権利を持つ。

—故人に子も兄弟もいない場合、母は三分の一を受け取る権利を持ち、故人が子は残していないが兄か弟が一人だけいる場合にも母は同じ権利を持つ。そして故人に少なくとも二人の兄弟がいる場合には母は六分の一を受け取る権利を持つ。

他の尊属

クルアーン四章一一節はただ父と母の地位のみを対象にしているにすぎない。この節は他の尊属、すなわち祖父と祖母、曾祖父と曾祖母にどのような権利が留保されるべきかについては何も触れていないが、類推解釈を用いてこれらの人々の中の一定の者にまで拡張されることになる。

（2）生存配偶者

生存配偶者に与えられるべき権利はクルアーン四章一二節によって明白に確定されている。生存配偶者が夫の場合には『妻の遺したものについては、彼女らに子供がない場合は汝ら（夫）はその半分。もし子供があれば、彼女たちが特に遺言しておいた分と負債とを差引いた残りの四分の一を汝らが取る』。生存配偶者が妻の場合、妻の権利は夫の権利の半分である。『汝ら（夫の側）の遺産については、もし汝らに子供がない場合は、妻たちがその四分の一を貰う。だがもし子供があれば、遺産から汝らが特に遺言しておいた分と負債とを差引いた残りの八分の一を彼女らが貰う』。従って、もし夫が子を残さずに死亡した場合は、妻は遺産の四分の一の権利を持ち、子がいる場合は、八分の一の権利を持つことになる。

全ての学派に認められているこれらの原則の唯一の例外は、シーア派の一時婚においては生存配偶者が相続できないことである。

（3）娘

娘と一緒に息子、すなわち、この娘の兄（弟）が相続を認められている場合、後述のように娘はファルド分の相続人の資格を失い、自分の兄（弟）からアサブの資格を借用し「他者による（*bi'ghairihi*）アサブ」といわれ、兄（弟）と同時にこの資格において相続することになる。それ故、娘は自分と同じ親等で同じ父母を持つアサブの相続人がいない場合にのみファルド分の相続人になれる。この場合、クルアーン四章一一節は娘に全財産の半分をファルド分として与えており、娘の数が二人を超える（三人以上）場合には娘たちは三分の二を得るとされている。そして娘が二人だけの場合には、類推解釈によって、娘の数が二人を超える場合と同じように取り扱われなくてはならないことが認められており、二人の娘は同様に三分の二を得ることになる。実際、クルアーン四章一一節には『汝らの子どもに関してアッラーはこうお命じになっておられる。男の子には女の子の二人分を。もし女が二人を超える（三人以上）場合は、（彼女らは）遺産の三分の二を貰う。女の子が一人きりの場合は、彼女の貰い分は全体の半分』と述べられている。

クルアーン四章一七六節によると、故人の兄（弟）と姉（妹）はアサブの資格において相続し、この場合、姉（妹）はファルド分の相続人の資格を失うことになる。同節によると、兄（弟）がいない場合に姉（妹）はファルド分の相続人の資格において相続し、姉（妹）が一人しかいない場合には姉（妹）は二分の一を取得することになり、姉妹が二人の場合には姉妹は三分の二を取得する。娘二人と姉妹二人を比べたとき前者が後者よりも不利に取り扱われることはありえないと思われたことから、二人の姉妹が三分の二を貰えるならば二人の娘も同様に三分の二を貰うべきであるとされた。

クルアーン四章一一節は娘について述べているだけで、孫娘については何も述べていない。孫娘については、娘に認められた解決を孫娘にまで及ぶものとして類推解釈がなされてきた。それ故、孫娘と一緒に孫息子あるいは曾孫の男子がいる場合、あるいは孫娘の前に一人でも息子がいる場合には、その孫娘はアサブの相続人として相続する。息子も孫息子も曾孫の男子もいない場合、孫娘はファルド分の相続人として相続する。

（4）異父兄（弟）と異父姉（妹）

異父兄（弟）と異父姉（妹）の地位はクルアーン四章一二節によって定められている。『男でも女でもこれを正当に相続する者がなくて（つまり子供も両親もなくて）、ただ兄か弟また姉か妹が一人いるような場合には、そのいずれも六分の一を貰う。しかしそれ以上の人数であれば、本人が特に遺言しておいた分と負債とを差引いた残額の三分の一を皆で均等に分配する。決して害を被らせるようなことがあってはならぬぞ』。

従って、故人が男性卑属も男性尊属も残さずに死亡し、一人の異父兄（弟）か一人の異父姉（妹）がいる場合、この者はファルド分の相続人の資格において相続し六分の一を受け取ることになる。一人の異父兄（弟）と一人の異父姉（妹）、または二人の異父兄（弟）あるいは二人の異父姉（妹）、ないしはそれ以上の数の者がいる場合、これらの者には三分の一の相続分が与えられ、たとえ相続権を有する者が同性ではないとしても三分の一は均等に分割されることになる。

この解決は意外に思われるかもしれない。というのも、同母同父の兄（弟）あるいは異母兄（弟）が問題となる場合には、クルアーン四章一七六節によって、男性は女性の二倍の相続分を受け取るからである。しかしイスラームの著者たちは、異父兄（弟）は女系親族にすぎないのであるから、その絆は男性の特権を認めるにはあまりにも弱すぎると述べている。

（5）同母同父の姉（妹）

同母同父の姉（妹）がファルド分の相続人として相続するためには、故人に子がなく、父方の男性尊属も同母同父の兄（弟）もいないことが条件となる（故人に同母同父の兄（弟）がいる場合には、後述のように同母同父の姉（妹）はこの兄（弟）を通してアサブの相続人となる）。

これらの条件が満たされれば、同母同父の姉（妹）はクルアーン四章一七六節に従って遺産の半分に相当するファルドの相続分を貰う。もし、同母同父の姉（妹）が一人ではなく複数（少なくとも二人）いる場合は、これらの者は遺産の三分の二を取得しそれを均等に分割することになる。

（6）異母姉（妹）

異母姉（妹）がファルド分の相続人として相続するためには、故人に子がなく、父方の男性尊属も同母同父の兄（弟）も異母兄（弟）もおらず（異母兄（弟）がいる場合には、後述のように異母姉（妹）はアサブの相続人となる）、故人の同母同父の姉（妹）が一人しかいないことが条件となる（もし故人の同母同父の姉（妹）が二人いるとすれば、これらの者たちは三分の二を貰うことになり、異母姉（妹）には何の権利もないことになる）。これら全ての条件が満たされれば、故人の異母姉（妹）は同母同父の姉（妹）とみなされて同母同父の姉（妹）と異母姉（妹）の二人には三分の二が留保されるが、故人の同母同父の姉（妹）は半分を貰うことになっているので（クルアーン四章一七六節）、異母姉（妹）は六分の一しか貰えない。他方、故人に同母同父の姉（妹）がいない場合には、異母姉（妹）は二分の一を受け取ることになる。異母姉（妹）が二人あるいはそれ以上いる場合、これらの者たちは三分の二を受け取り、それを均等に分割することになる。異母姉（妹）は故人の男系親族ではあるが、本来、同母同父の姉（妹）として取り扱われることはない。しかし、ここでは同母同父の姉（妹）の特権が適用されている。

B　シャリーアによって定められた規範が適用不可能な場合

以上の解決は必ずしも適用可能とは限らない。確かに、留保の割当て分は、ファルドの相続分の合計が相続財産の総体を超えることがありうるようなやり方で、クルアーンによって定められていた。預言者の死後間もなく、ウマルのカリフ在位の時に次のような事例が生じた。妻が夫と二人の姉（妹）を残して死亡した。その妻には子がなかったので、夫のファルド相続分は半分であり、二人の姉（妹）のファルド分は三分の二であった。それ故、先取りされるファルド分の合計は夫に六分の三、姉（妹）たちに六分の四となり、すなわち相続財産の六分の七となった。この件はカリフのウマルに委ねられ、この時当惑したカリフは側近に助言を求めた。側近の一人がウマルに言った。「故人が七ディナールの債務を負って死亡したが、六ディナールしか残していない場合には、その相続財産を七つに分割して、相続人の各々に割合に応じた額を減じさせなければならないでしょう。本件の場合、この妻の相続財産を七等分し、その中の三を夫に、四を姉（妹）たちに与えなければなりません」。

この解決が支配的になり判例となった。それ故、イスラームの著者たちは、相続財産をファルド分の相続人全員に分配することが不可能なときには、割合に応じた減額を全員に負わせるのが理にかなっているという原則を定めている。これがアウル（*'awl*）であり、この操作はファルド分の各相続人の権利を表わす分数の分母を増やすことである。このようにして、各人の分数の値を減らすことによって割合に応じた減額を各人に負わせる。これがタアウィール（*taʿwīl*）である。この規則はこの種の事例が生じる場合に容易に適用される。

二　アサブの相続人

アサブの相続人は男系の親族である（アサブは男性の神経を意味する）。男系親族は、女系親族すなわちザウール・アルハーム（*dhawū l-arḥām*〈*raḥm*〉は胎を意味する）に対置される。女系親族に関しては、マーリキー派が相続権を認めていないのに対しハナフィー派は国庫すなわちバイトゥル・マールに優先する相続権を認めている。アサブの相続人の地位の特徴は、場合によっては相続財産全体を包括的に相続する資格を有することもある、ということである。ファルド分の相続人たちが全てを得る場合、アサブの相続人には何もない。ファルド分の相続人たちが相続財産の一部しか取得しない場合にはアサブの相続人が残りを取得する。しかし、ファルド分の相続人がいない場合、真の家族を構成するのはアサブの相続人であるからアサブの相続人には全ての相続財産に対する権利がある。そして奴隷制度の消滅とそれに伴う解放奴隷のかつての主人たる地位の消滅の後、もはやアサブの相続人としてはアサブの親族という一つの大きなカテゴリーしか存在しない。アサブの親族とは、親族の絆によって故人とつながるアサブである。アサブの親族は、更に、自身による（*bi-nafsihi*）アサブ（A）、他者によるアサブ（B）、他者と共にある（*maʿa ghairihi*）アサブ（C）に区別される。

A　自身によるアサブ

自身によるアサブとは男系親族の男性である。従って、このカテゴリーに属するのは息子、息子の息子、父、父方の祖父、同母同父の兄（弟）、異母兄（弟）、異母兄（弟）の息子、同母同父の兄（弟）の息子、父の同母同父の兄（弟）である伯父（叔父）、父の異母兄（弟）である伯父（叔父）、祖父の異母兄（弟）である大伯父（大叔父）などである。

B　他者によるアサブ

この相続人は女性であり、女性以外はありえない。すなわち、娘、孫娘、同母同父の姉（妹）と異母姉（妹）である。娘のほかに、娘と同じ親等で同じ父母を持つアサブの相続人がいる場合には、娘はファルド分の相続人にはなれない。すなわち、故人の息子つまり娘の兄（弟）が相続を認められている場合である。娘はその兄（弟）からアサブの相続人の資格を借りることによって他者によるアサブの相続人となる。娘は自分の兄（弟）と同じ資格を有することになるが、相続分は兄（弟）より少なく、兄（弟）の半分を得ることになる。

法学者たちは、クルアーンが娘に認めているファルド分の相続人の資格をこのように娘から取り上げる根拠をクルアーン四章一一節『汝らの子供に関してアッラーはこうお命じになっておられる。男の子には女の子の二人分を』に置いている。兄（弟）と姉（妹）が故人の息子と娘の資格で相続が認められるとき、息子は娘の相続分の二倍を受け取る。兄（弟）と姉（妹）の権利は相続分の点では異なっているが同じ性質のものである。ところで、息子は確かにアサブの相続人であり娘も同じ資格で相続を認められているが、娘は女性であるから自身によるアサブではない。従って、娘は他者によるアサブなのである。この解決は類推解釈によって孫娘にも拡張された。孫娘のほかに孫息子がいる場合、たとえ二人が同じ息子から生まれていなくても、孫息子は孫娘にアサブの資格を与えることになる。更に、孫息子がいない場合、曾孫の男子は孫娘と同じ親等でもなく同じ父母から生まれているわけでもないが、この曾孫の男子が孫娘に対してアサブの役割を果たし、孫娘をアサブの相続人にすることまでも定められた。

　故人の同母同父の姉（妹）と異母姉（妹）のほかに同母同父の兄（弟）または異母兄（弟）が存在する場合には、これらの姉妹も同じように他者によるアサブのカテゴリーに含まれる。クルアーン四章一七六節には、兄（弟）と姉（妹）が相続するときは、兄（弟）は姉（妹）の二人分すなわち二倍の相続分を受け取るべきであると書かれていることから、故人の姉（妹）に対しても娘に対してなされた扱いと同じ扱いをするべきであると主張された。更にマーリキー派によれば、故人の同母同父の兄（弟）または異母兄（弟）が存在しない場合、故人の祖父が故人の同母同父の姉（妹）または異母姉（妹）にアサブの相続人の資格を与え、この場合、故人の祖父は故人の姉（妹）の相続分の二倍を受け取る。マーリキー派がこのように考えたのは次の理由による。確かにハディースには「祖父、それは父である」という言葉があり、祖父は父の権限を持つ。ところで、故人の父は故人の姉（妹）を排除することから故人の姉（妹）は父が先に死亡したときのみ相続する。故人の父が死亡しており祖父がいる場合、ハディースに従うと故人の姉（妹）は排除されなければならないであろう。しかし、マーリキー派のムジュタヒドはそうまですることを望まなかった。というのも、「祖父、それは父である」と言ったのはクルアーンではなくハディースにすぎないからである。これに対し、ハナフィー派においては故人の父が故人の姉（妹）を排除していたように、故人の祖父も故人の姉（妹）を排除する。

C　他者と共にあるアサブ

この相続人は他者によるアサブと同じくもっぱら女性に限られ、同母同父の姉（妹）と異母姉（妹）である。

娘がファルド分の相続人の資格を有しており、そしてまた被相続人に同母同父の姉（妹）あるいは異母姉（妹）がいるがこの姉（妹）に他者によるアサブの相続人の資格を与える兄（弟）も祖父もいないとしよう。この場合、娘が（もし娘の代わりに孫娘であったとしても同様の解決となる）ファルド分の相続人として相続することになる。姉（妹）は女性であるから自身によるアサブの相続人ではないし、男性がいないので他者によるアサブの相続人でもない。しかし法学者は、ひとたび娘による相続分の先取りが行われた後に、故人の姉（妹）はファルド分の相続人としてではなくアサブの相続人として残りの相続分を受け取るという解決を導き出した。このことから、故人の姉（妹）は他者（すなわち娘）と共にあるアサブの相続人といわれるのである。

この解決は次のような理由によって導き出された。すなわち、相続財産を受け取る者として例えば、娘が一人、姉（妹）、遠縁のアサブの相続人（すなわち傍系の親族）あるいは国庫が存在する場合、クルアーン四章一一節を適用すれば、ファルド分の相続人である娘の相続分は半分となり、残りの半分は、姉（妹）の存在にもかかわらず国庫あるいは遠縁のアサブの相続人に行ってしまうことになる。娘が一人でもいるこのような場合には、故人の姉（妹）はファルド分の相続人にはなりえない。しかし、クルアーン四章一七六節には、『もし誰か男が死んで、子供がなく、姉か妹だけがある場合は、その遺産の半分が彼女の所有に帰す』とあることから、法学者は姉（妹）に相続権を与えるために姉（妹）を他者と共にあるアサブとして扱ったのである訳注(三)。

それ故、故人の同母同父の姉（妹）と異母姉（妹）は、或るときは他者によるアサブの相続人として、また或るときは他者と共にあるアサブの相続人として相続が認められている。この区別の意味は次のようなハナフィー派の規範の中に現われている。すなわち、他者と共にあるアサブの相続人は単独でアサブの包括的な相続人でありうるのに対し、他者によるアサブの相続人は決してそのようにはなりえない。他者によるアサブの相続人は他者からその資格を借用しているので、単独では相続人になりえない。

アサブの親族というカテゴリーに含まれる人々のうち、或る者は同時にファルド分の相続人となりうる。例えば父はファルド分の相続人であるが、同時に、父は男性であり男系親族であるから自身によるアサブの相続人でもある。或る状況下では、或る親族はこのようにファルド分の相続人とアサブの相続人の二つの資格で相続を認められ、二つの相続分を併せて受け取ることができる。しかし、このようなことは自身によるアサブの相続人に限られる。他者によるアサブの相続人と他者と共にあるアサブの相続人は決して二つの資格を併せ持つことはできない。

三　ザウール・アルハーム（女系親族）

女系親族は、ファルド分の相続人でもアサブの相続人でもなく胎による親族である。これらの人々の相続権を正当化するために、「母方の伯（叔）父は相続人のいない者の相続人である」というハディースが援用された。母方の伯（叔）父はファルド分の相続人でもアサブの相続人でもないが、ハナフィー派の見地からすれば女系親族の相続権が正当化されている。女系親族とは、例えば、娘の息子、母方の祖父、異父兄（弟）あるいは異父姉（妹）の息子ないし娘などである。これらの人々に相続の資格を認めるために、ハナフィー派の法学者たちはクルアーン八章七五節に依拠した。この節には、他のイスラーム教徒、すなわちイスラーム共同体全体と比較して『血のつながりのある者同士の方が互いにそれよりもっと近い』と書かれている。女系親族は定義上、血の絆によって結ばれた人々なのでイスラーム共同体より優先する。それ故、これらの人々は国庫に優先すべきである。

四　国庫

国庫はイスラーム共同体の財産を扱う行政機関にすぎず、法律上、ウンマの代表である。全ての学派は、ウンマ自体に相続の資格があることに関しては意見が一致していても、この資格の法的根拠に関しては見解の相違がみられる。或る学派によれば、イスラーム共同体はアサブの相続人の資格で相続し（A）、別の学派によれば、ただ相続人の不存在という事実によって相続する（B）。

A　アサブの相続人としてのイスラーム共同体

これは多数派の見解であり、とりわけマーリキー派によって支持されている。イスラーム共同体に相続の資格を認めるため、そしてそれをアサブの相続人にするために、マーリキー派の学者たちは先ずハディースを援用した。「私は相続人なくして死ぬ者の相続人であり、その者の債務を引き受け、その者を相続する」と預言者は語ったといわれている。この場合、預言者はイスラーム共同体の代表として相続するにすぎない。そして、共同体をアサブの相続人にするために、クルアーン九章七一節『男の信者と女の信者とは、お互い同士よい仲間』が次のように解釈された。すなわち、宗教共同体はイスラーム教徒たちを或る種の親族にしているという解釈である。論理的な帰結として、遺言の場合マーリキー学派においては、遺言者に国庫以外の相続人がいないときには遺言者が遺言によって処分できるのは自分の財産の三分の一のみということになる。イスラーム共同体は一人の親族であるから純積極相続財産の三分の二はイスラーム共同体に残されなければならない。

B　相続人不存在による相続財産の帰属者としてのイスラーム共同体

多数派の見解と異なりハナフィー派法学者たちは、イスラーム共同体を相続人不存在による相続財産の帰属者と考えている。ハナフィー派によれば、宗教共同体はイスラーム教徒たちを宗教的親族にしているわけではなく、それ故、相続の資格を持つわけでもない。ウンマが相続するのは確かであるが、これはイスラーム教徒を死者に結びつけている宗教的な親族関係によるものではない。というのも、親族には血による親族しか存在しないからである。これはクルアーン八章七五節『アッラーの規定によると、血のつながりのある者同士の方が互いにそれよりもっと近い』に由来する。それ故、ハナフィー派においては、誰も相続権を請求できないときにのみ国庫が相続する。この場合、相続人不存在の財産が存在することになり、この財産はイスラーム共同体に帰属する。国庫がイスラーム教徒のみならずズィンミーすなわち属国のキリスト教徒やユダヤ教徒を相続することは、このことによって説明することができる。その結果、故人が国庫以外に相続権のある者を残さずに死亡する場合、故人は遺言によって自分の相続財産全体を処分することができる。そうすることで、その故人は親族の相続権を奪っているわけではない。

五　現代のイスラーム相続法

イスラーム法の不変性の原則が最も良く立証されるのは相続の分野においてである。というのも、現代の諸法典はこの複雑な分野において古典的規則への注目すべき忠実さを示しており、これらの規則自体その大部分が不可侵なクルアーンに基づいているからである。エジプト、ヨルダン、シリア、イラク、スーダンそしてクウェートにおいて公布されたハナフィー派に従った法典は、相続の分野においてはいかなる改革もなされていない。マーリキー派の国々においても同様である。この点、シャリーアをほとんど尊重することのなかったチュニジアの身分法典はこの分野を「西欧化」したのではないかと思われるかもしれないが、そうではなかった。むしろ反対に、チュニジアの相続法は正統なスンニー派を継いでおり、最も長く、最も詳細な章（法典のおよそ三分の一を占める八五条から一五二条）をまさにこの特定分野に当てている。マーリキー派の身分法に関連した諸法典の中で、最新の法典である二〇〇四年のモロッコの家族法典も古典的規則に背いてはおらず、マーリキー派の法学に忠実に従い、最も入念に作成された、最も長い規定（法典の四分の一以上を占める二七七条から三九五条）を相続法に当てている。

しかし一つの改革が存在する。すなわち、幾つかの立法の中に導入されている「義務的遺贈」の制度があり、それは、スンニー派の古典的イスラーム法からみても、シーア派の古典的イスラーム法からみても明らかに異端である。イスラーム法にはいわゆる代襲相続の制度は存在せず、「義務的遺贈」はこの不存在に対処するために考え出されたものである。この制度をイスラームの法集成の中に初めて導入したのは、一九四六年六月二四日のエジプトの法律である。エジプトの立法者は、全ての学派から拒絶されたザイド派の規範に基づき、父あるいは母が死亡していたためこれまで祖父母の相続から除外されていた孫が今後は受遺者として最大三分の一の相続分を取得することができると決定した。この改革は、シリアの一九五三年身分法典、チュニジアの一九五六年身分法典、モロッコの一九五八年（および二〇〇四年）の身分法典、ヨルダンの一九七六年身分法典、アルジェリアの一九八四年家族法典そして最近のモーリタニアの二〇〇一年身分法典に組み入れられることになる。

訳注(一)　但しイスラーム法上、生前贈与は可能であり、贈与者は自分の財産の全てあるいは一部分を処分することができる。しかし贈与は所有権だけでなく占有権や用益権の放棄を伴うことから、或る人が家族の利益に反して自分の全財産を生前贈与する可能性は低い。しかも贈与は明白な行為となるので推定相続人の敵意をかうことになり、実際には生前贈与は抑制されている。これに対し、遺言の場合は推定相続人のために三分の二が留保されている。

訳注(二)　但し、この相続資格は相互的ではない。すなわち、かつての主人が死亡した場合は解放奴隷に相続権があるわけではなく、解放奴隷が死亡した場合にかつての主人がその財産を相続できるにすぎない。

訳注(三)　この解釈の理由をもう少し詳しく述べると、クルアーン四章一七六節に従うと娘が一人でもいれば姉（妹）にはファルド分が行かないので、法学者は同節の『子供』を男の子と解釈し、男の子がいなければ娘が一人いても子供がいないものとして扱い、姉（妹）をファルド分の相続人とすることで解決できると考えた。しかし、娘が二人おり姉(妹)も二人いるときには、ファルド分の相続人として娘と姉（妹）は三分の二ずつ受け取るので三分の四となり、結局それぞれに減額を負わせることになってしまう。そこで法学者は姉（妹）がいるために娘のファルド分が減じられることを防ぐために、故人の娘が先ず全ての権利を受け取り、残額を姉(妹)が受け取るべきであると考え、姉(妹)をアサブの相続人として扱うことにした。このように娘がいる場合は、姉（妹）は「他者と共にあるアサブ」となった。

第六章　結　語

　普遍主義的な要求を持つ体系として、今日イスラーム法はきわめて強く自己主張している。シャリーアは、啓示に由来するが故に人間の手を全面的に免れた法論理に基づいていることから、時間の外に存在する。イスラームは他の国々の社会の発展にはかかわりがない。様々な国際条約に定められた規則とイスラームの法理論との矛盾は、イスラームにとって変化の要因にはなりえないであろう。原則としてクルアーンに由来し初期のカリフが伝えたスンナによって明確にされた家族法は、今日五二ヵ国で適用されている。イスラーム公法の様々な側面、特に身分法と同じ位強くシャリーアの上に築かれた刑法は、今日幾つかの政府によって施行されている。多くの国々は、イスラーム原理主義の高まりの中、やがて神政政治の再興を求める自らの要求を立法化することもありうるだろう。

付録　モロッコ家族法の変遷

小林　公

一　『ムダウワナ』の制定

一九四〇年代から一九五〇年代初めにかけて、フランスからの独立を目指しモロッコのナショナリズム運動を指導していたのはイスティクラール（独立）党であった。しかしフェズ、カサブランカ、ラバトといった都市の商人や宗教組織を支持層とするイスティクラール党は、地方の山岳地帯のカーイド（名士）たち、フランスの分割支配政策によって支援された―主としてベルベル人から成る―部族社会の族長たちの激しい抵抗にあい、党の政治的影響力を地方にまで浸透させることができなかった。ベルベル人は長い間、自分たちの地域に対する中央のスルターン政庁（*Makhzan*）の介入を拒絶してきたが、一九三〇年にフランスは保護領モロッコの都市と地方、アラブ人とベルベル人を相互に対立させるために、スルターンにベルベル勅令を公布させ、ベルベル人の部族社会の慣習法と評議会を正式な制度として承認した[1]。伝統的にモロッコは、スルターン政庁の支配が直接的に及ぶマフザンの地域（*bilād al-Makhzan*）と、スルターンの宗教的権威は認めるがスルターン政庁の世俗的支配を受けつけない反逆の地域（*bilād al-siba*）に区分されていたが、フランスはスルターンおよび都市のレジスタントたちに対抗するために二つの地域の抗争を利用し、地方の部族を味方に引き入れようとした。フランスのこのような政策を象徴したのがベルベル勅令である。この法律によりベルベル人の部族社会は中央政庁の裁判権から独立し、都市において効力を有し適用されていたイスラーム法に対し、固有の慣習法と裁判制度を持つことが正式に認められたのである。そして部族評議会が慣習法を適用する裁判所となり、身分法や相続法だけでなく契約法や商取引法など、私法のあらゆる事案—刑法はフランス刑法が適用された—が慣習法裁判所の管轄に服することとなった。

フランスはその後も地方の部族を支援する政策を続け、一九四〇年代から一九五〇年代にかけて独立運動が高揚したときも、都市を基盤にしたナショナリズムに対抗する勢力として、地方の部族のカーイドに地方行政を委任し、部族たちの歓心を買おうとした。そして部族はこれに応えてフランスを支持し、イスティクラール党に敵対したのである。このような状況の中で当初、スルターンはモロッコ独立のためにイスティクラール党と同盟を組み、フランスと地方の部族に対抗した。フランスはスルターン（ムハンマド五世）に退位をせまり、退位を拒否したスルターンを廃位し、一九五三年に国外に追放した。これ以降、イスティクラール党によって指導されたナショナリズム運動は、スルターンのモロッコ帰還をスローガンにして推進されていくことになる。

地方の部族たちが恐れたのは、もしイスティクラール党がモロッコ全土に対し権力を掌握したならば、自分たちにとって不利益になる仕方で地方の政治構造や法制度が改変されるのではないかということだった。他方でイスティクラール党にとってみれば、地方の部族がフランスを支援して党に反抗する限り、統一的な独立運動を実効的な仕方で展開することは不可能だった。そこでイスティクラール党は、反抗的な地方の部族を独立運動に参加させ、モロッコの人民が一丸となってフランスと戦うためには、スルターンの権威に頼るほかはないと考えるようになった。確かに当初、部族はイスティクラール党とスルターンの双方を自分たちの敵とみなしていたが、スルターンの宗教的権威は認めていたからである。「反逆の地域」のベルベル人部族はこれまで中央政府に対して納税を拒否するなどしてスルターンの世俗権力には抵抗してきたが、一七世紀中葉から続くアラウィー朝のスルターンは預言者ムハンマドの子孫（***sharif***）とみなされていたことから[2]、地方の部族にとっても宗教的権威を帯びた存在だった。しかし、イスティクラール党が部族と手を組もうとしていたとき、部族の方は、スルターンがイスティクラール党から離れてくれればスルターンと同盟を結び、イスティクラール党に対する均衡勢力を形成することができると考えていた。

一九五六年三月二日、フランスはモロッコの独立を認めた。モロッコ解放軍と名乗る武装集団がフランス軍の駐屯地を襲撃したとき、アルジェリア戦争で疲弊していたフランスは同じような戦争をモロッコで繰り返すことを望まなかった。モロッコの独立はスルターンのリーダーシップの下で達成された。イスティクラール党は山岳地帯の部族の反抗にあい、結局のところナショナリズム運動の主導権を掌握できなかった。ムハンマド五世が亡命から帰還したとき、部族はスルターンの政治的権威を承認し、スルターンはモロッコ国王となった。かくしてモロッコが独立を達成した後、強力になった王権、都市のイスティクラール党、地方の部族社会のカーイドたちの三者が新国家の政治情勢の鍵を握ることになった。独立直後の新国家にとって重要な問題は、親族関係を基礎とした部族社会の連帯組織を国家の統一的な政治制度の中に組み入れることであった。事実、モロッコが主権国家となったとき、幾つかの部族は納税を拒否し中央政府に反抗していた。部族は近代的な国家秩序の中で二級市民になることを恐れたのである。今や ***siba***（反逆）の意味は変化した。独立以前の部族は中央政庁のコントロールをのがれるために反抗したのに対し、独立後の部族は新国家によって放任されることも援助を受けることもない状態に不満を抱き、自分たちの政治的地位が新しい体制の下で確保されること、政府が地方に投資を行い、学校や道路や病院などを建設することを要求するために反抗した。部族は自分たちの領域に対する政府の介入が何の見返りももたらさないならば介入を拒否しようとしたのである。事実、地方の部族のカーイドたちは、親族関係やパトロンとクライアントのネットワークに基づく独自の追従者を確保しており[3]、いざというときにこれらの追従者を動員することで自分の領域に関する中央政府の政策を支持したり拒否したりすることが可能だった。新国家の政治において地方の部族が重要な鍵を握る存在となったのもこのような理由による。

独立直後のモロッコの政治を特徴付けていたのが、かつての同盟者である国王とイスティクラール党の確執である。今や強力となり政治的支配権を掌握するに至った国王はイスティクラール党の権力拡大を恐れ、これに対抗するために地方の部族の支持を得ようとした。事実、もしイスティクラール党が権力を掌握したならば、国王は政治的実権を失い、単に象徴的な役割しか演じない存在へと後退する可能性があったのである。またイスティクラール党は、党の支配権を地方の隅々にまで浸透させるためには親族関係に基づく連帯性に代えて、社会的経済的利益（市場、学校、病院、農業生産など）に基づく人間結合を形成する必要があると考え、伝統的な部族社会の構造を改変しようと試みた。イスティクラール党にとっては、部族社会を破壊することがモロッコを統一的国民国家にするために何よりも必要と考えられたのである。

このような状況の中で国王は地方の部族を保護し、部族は国王を支援した。国王はカーイドが自分を支援してくれる限り、カーイドの権力基盤である部族社会を解体する政策は自分にとって不利益になると考えたのである。かくして国王はカーイドたちの権力を恢復させ、部族は都市の政党に対抗して王冠を擁護することになった[4]。モロッコ国王（ムハンマド五世とその後継者ハサン二世）がイスティクラール党のメンバーたちと同じくフェズで教育を受けた都会人であったにもかかわらず地方の部族と手を組んだのは、ひとえにイスティクラール党の権力拡大を阻止し、国家権力を国王へと集中させるためであった。国王のこの目論見は成功した。イスティクラール党はモロッコ独立の直後、統一的近代国家の形成に向けて部族社会の解体に乗り出し、法の統一化のために慣習法を廃止し、地方の部族のカーイドを排除して中央政府が任命する官吏―イスティクラール党に忠実な官吏―を置こうとしたが、部族および部族と手を結んだ国王の反対にあい、この試みは失敗に終わった。カーイドは自分たちを国王の代理と考えており、イスティクラール党に忠実なよそ者が自分たちの地域を統治することを認めなかったのである。この結果、一九五〇年代末から一九六〇年代初めにかけて地方のカーイドはそのまま新国家のカーイドとして内務省の行政機構の中に次第に組み入れられていき、かくして国王の周りに組織化された中央政府と地方の部族の同盟は確固としたものになった。

王宮と部族との結束、部族組織を保護する国王の意図を例証するものとして、独立後の農地政策を挙げることができる[5]。モロッコ政府はフランスの入植者が所有していた土地を一旦政府所有の土地にした後でモロッコ国民に分配したが、このとき王令を発布して、土地を受け取る者には賃金労働なしに、「同じ屋根の下で生活する家族の助けを借りて」自分たち自身で土地を耕すことを義務付けたのである[6]。国王は社会的生産関係を社会階級にではなく親族関係に基礎付けられるべきものと考え、農業世界に資本主義的な生産関係が形成されることを防止した。このような政策も、王権の支持基盤である部族社会の伝統的秩序を維持し、部族のカーイドを保護しようとする国王の意図の表われだった。

さて、独立後ますます強力になっていった国王がとった政治的戦略に特徴的なことは、どの政治集団をも支配的地位につかせることなく、自らを超越的な地位に置き、相互に対立する社会の様々なセクター間の仲裁者として振舞うことだった。セクター間で対抗関係が存在している限り、仲裁者としての国王は政治的安定性を生み出し象徴する存在でありえた。また国王は、或る党派が強力になりすぎると、これと敵対する党派を積極的に支援し、両党派の権力を均衡のとれたものにしていった。国王のこのような超越的な政治的地位を支えたのが、独立後に国王の直接的なコントロール下に置かれた警察と軍である。国王は特に軍の独占によってセクター間のバランスを維持することができた。国王のこのような政策のゆえに、モロッコには王権を脅かしえるほど強力な政治集団は生まれず、パトロンとクライアントの多様なネットワークの中で均衡を保つ必要性から生まれたのは一種の政治的ステイルメイトだった[7]。

モロッコが独立して三年後、イスティクラール党は二つの党派に分裂し、左派グループが「人民勢力国民連合」（UNFP）を結成した。このとき、国王は左派のイデオロギーを嫌悪していたにもかかわらず、内部分裂によるイスティクラール党の弱化を歓迎した。「以前から王宮は、イスティクラール党のリーダー間の争いを煽り、党の潜在的なクライアントを党からおびき出すことによって党の分裂を促進させることが自分の利益になることを自覚していた[8]」のである。イスティクラール党がイデオロギーを異にする二つの党派に分裂したとき、人民は支持すべき政党を党のイデオロギーを根拠にして選ぶことはしなかった。むしろ人民は自分たちのパトロンに対する忠誠心から支持政党を決定したのである。モロッコ独立後、政治的提携の形成において重要な役割を演じたのはイデオロギーではなく、パトロンとクライアントのネットワークだった[9]。

当時、都市のエリートによって形成されたイスティクラール党とUNFPに対し、地方の部族を支持基盤に持つ二つの政党が存在していた。主としてモワイヤン・アトラスやリフの部族により支持された「独立民主党」（PDI）と、ベルベル人の利益を代表する「民衆運動」（MP）である。モワイヤン・アトラスやリフの部族たちは自分たちの領域への侵入を図るイスティクラール党の官吏に対し憤激し、イスティクラール党に対抗するPDIと同盟を組み、国王も地方の部族社会を支持基盤にしたPDIを積極的に支援した。国王にとってPDIは、国王に対して忠誠を示す部族地域からの動員を容易にしてくれると同時に、イスティクラール党に対する均衡勢力として役に立ったからである。これに対してMPは―すべてのベルベル人がこの政党を支持したわけではなかったが―モロッコの総人口の五分の二、地方の人口の三分の二を占めるベルベル人の利益を代表し、部族の集団的土地所有の保護やベルベル人のアイデンティティーを守るための政策―ベルベル語の教育やベルベル人のための学校設立―を政府に対して要求した[10]。その後一九六三年にPDIとMPは、「憲法制度擁護戦線」という名称の、国王への忠誠によって結び付いた連合体を形成することになる。このようにして「マフザンの地域」と「反逆の地域」の関係は逆転した[11]。

さて、モロッコの身分法典（*Moudawwana, mudawwanat al-ahwāl al-shakhṣiyya*）—『ムダウワナ』はアラビア語で「書き留められたもの」あるいは「法書」という意味—の制定は以上のような政治的状況を背景にして理解されなければならない。国王が権力を維持し、至高の裁定者としての地位にとどまるためには、諸党派を相互に戦わせ、或る党派が強力になりそうなときは、これと対立する党派を支援する必要があった。どの党派も必要以上に強力になってはならず、また他の党派と力の均衡を保つためにはどの党派も過度に弱体化してはならなかった。国王が地方の部族を支援したのはこのような戦略の一環だった。部族と手を結んだ国王が地方の社会構造や法秩序の存続、特に部族社会の基礎にある父系制親族関係の存続を望んだことは言うまでもない。国王は部族社会の秩序を乱すようなことをしてはならず、制定されるべき家族法も父系制を前提にしたものでなければならなかった。このことは国王にとり、新国家モロッコの家族法制定はマーリキー派のイスラーム法学説の実定法化以外にはありえないことを意味していた。シャリーアの身分法は家父長制、父系制を前提としていたからである。

これに対して都市部のイスティクラール党はシャリーアをそのまま実定法化することに反対し、シャリーアを大幅に修正した家族法制定を主張した。しかし、ナショナリズムの闘争と独立達成の時期に、国王と部族の同盟によって弱体化していったイスティクラール党には自分たちの要求を実現させるだけの勢いがなかった。独立後の統一的家族法の制定は、シャリーアの身分法を実定法化しようとする国王（および地方の部族）の意思が貫徹されていくかたちで進められていく。

一九三〇年に発布されたベルベル勅令は分割統治によってモロッコを分裂させようとするフランスの植民地政策の産物とみなされ、モロッコの知識人や政治家はベルベル勅令を廃止し、家族法を統一化する必要性を強く感じていた。家族法の多様性は国家が統一されていないことを意味しているからである[12]。事実、一九三〇年代から一九五〇年代にかけて部族社会の慣習法は絶えず議論の対象として取り上げられ、ほとんどのモロッコ人は、家族法が統一化されることになれば、それはマーリキー派のシャリーアを全国民に適用することで達成されると考えていた。しかし、マーリキー派の法をどの程度まで修正してモロッコ身分法として実定法化すべきか―離縁やポリガミーを存続させるべきか―という問題が未決定のまま残されていた。そしてこの問題は、法が承認する家族構造はどのようなものであるべきか―男系親族の大家族と夫婦の核家族のどちらを真の家族とみなすべきか、伝統的な父系制を認めるべきか―という一層基本的な問題を前提にしており、更に後者の問題は、モロッコの社会変革はどのような理念にそって行われるべきかという根本問題を前提にしていた。例えば、男女平等を社会変革の理念の一つとしてかかげれば、家父長制は否定されるであろうし、家父長制が否定されれば夫婦の人格的結合が家族の本質となり、夫が自由に離縁できることや複数の妻を持つことは家族の理念にそぐわないものと考えられるだろう。離縁を認めることは夫婦の結合が弱いことを認めることであり、ポリガミーを認めることは夫婦の絆が一対一の排他的な絆でないことを認めることだからである。

さて、イスティクラール党は家族法制定に関しイスラーム法の大幅な修正を主張したが、党の指導者であったアッラール・アル・ファースィーは一九五二年に公刊された『自己批判』(*al-Naqd al-dhātī*)

と題する著書の中で、モロッコの社会・経済・法改革の包括的ヴィジョンを提示し、ここで提示された改革案の一部はイスティクラール党自体の見解として正式に承認された。例えば、その後一九五五年に開催された党大会では女性と子供の権利に関する委員会が設置され、委員会は男女平等を要求していく必要があること、男女平等が政治的市民的権利の中で実現されるべきことを決議している。しかし『自己批判』で提示されている見解はアル・ファースィー個人の見解である。

改革主義者アル・ファースィーの基本的なスタンスは、モロッコの状況に適合したイスラーム法の独創的なイジュティハードによってモロッコが―特にモロッコの若者たちが―目指すべき理念を明示し、社会を改革していくことだった。『自己批判』の第四部でアル・ファースィーは家族問題を論じている[13]。先ず売春を撲滅しなければならない。女性のヴェールや男性からの隔離はこのための有効な手段ではなく、むしろ女性の教育を推進し、女性に適正な労働の機会を提供し、女性の自立を促進しなければならない。特に、イスラーム法ではなく慣習法が支配する地方―特にベルベル人の地域―の女性は売買の対象とされ、相続権も監護権も奪われ、苛酷な労働を強制されている。これは一九三〇年にフランスがアラブ人とベルベル人を分断させるためにとった政策―ベルベル勅令―によってベルベル人の慣習法が公式に承認されたことの悪しき結果である。モロッコの家族改革は女性の地位の改革なしには不可能であり、そのためにはベルベル人の慣習法を廃止してイスラーム法―正しく解釈されたイスラーム法―をモロッコ全土に実施し適用しなければならない。しかし伝統的なイスラーム法自体が―モロッコにおいては、マーリキー派の法学者が生み出してきたイスラーム法が―イジュティハードによって改革される必要がある。先ず、娘に対して行使される父のジャブルの権利を廃止しなければならない。父が娘の欲さない相手との婚姻を強制したり、未成年の娘を婚姻させたりするような慣行は立法によって禁止されるべきである。婚姻の締結に先だって、配偶者の一方が病気にかかっていないことを示す医学的な証明書を作成しなければならない。婚姻契約の中で婚資の一部を後見人が取るようなことは許されず、女性は婚資のすべてを自由に使うことができる。結婚式が挙行されることや、婚姻がカーディーや宗教的指導者の面前で締結されることを婚姻成立の法的条件にしてはならない。イスラーム法は、夫が妻たちを公正に取り扱える限りにおいて四人までの妻を持つことを許しているが、現代モロッコに根づいているポリガミーは社会的害悪を生じさせることの方が多く、従って全面的に廃止されるべきである。これに対し、アル・ファースィーはタラークに関してはポリガミーに対するほど厳しい考えをとらず、ただ、離縁する夫にムトアを法的に義務付けるにとどめている—この点に関しては、マーリキー派の法学者の間でムトアは夫の義務か、それとも単に推奨されているにすぎないかが論争されていた—。すなわち、夫は離縁に際して妻の社会的地位と夫の財力に応じた補償を妻に対してしなければならない。またタラークはスンナに従ってなされるべきであり、従って三重のタラークは禁止されるべきである。更にアル・ファースィーは真正なイスラームが女性に対し財産の管理権や或る種の公職に就く権利を認めていることを指摘し、また、女性が自分の財産の三分の一以上を贈与することを禁止するマーリキー派の学説を否定している。

要するにアル・ファースィーによれば、伝統的なシャリーアが父系制家父長制を前提にした家族観に立つのに対し、新しい家族法は夫婦相互の愛情に基礎を置いた家族のための法でなければならない。モロッコにおける地方の部族の大家族制と都市の核家族の並存は社会の不調和と衝突の原因であり、新国家は地方の慣習法を廃止し、夫婦の人格的結合に立脚した家族法をモロッコ全土に施行すべきである。女性の身分の向上は、親族についての新しい観念、すなわち誰が家族のメンバーで、誰がどのような役割を家族の中で演じるべきか、という点に関する新しい観念があって、そしてこの観念を実践的に推進していく家族法があってはじめて可能となる。そしてイスラーム改革主義者アル・ファースィーは、イスラームの原理に忠実でありながら、しかも二〇世紀の社会的要求に応える法律をイジュティハードによって生み出すことが可能であると主張する。

一九五六年にモロッコが独立した後、家族法問題は逼迫したものになっていった。イスティクラール党の機関誌〈**L'Istiqlal**〉や独立民主党の機関誌〈**Démocratie**〉が女性のヴェール、子供の婚姻、タラークなどを批判し、女性の身分向上のための法改革を主張する一方で、保守派はこれに反撃し、イスラームは既に女性を解放したこと、宗教的価値を帯びた家族法の変更はありえないことを主張した。このような状況の中で国王（ムハンマド五世）は自ら断を下すことによって論争を決着させた。すなわち、シャリーアをそのまま法典化することで国の法律を統一化するという決定である。国王にとりこれ以外の方法で統一化を実現することはありえなかった。

先ず、一九五六年三月に国王は諮問委員会を設置して慣習法の廃止が可能か否かを検討させた。一九三〇年のベルベル勅令―ベルベル人独自の家族法を正当化したベルベル勅令―は未だ廃止されておらず、これ以外の慣習法も依然として効力を有していた。一九五六年八月、司法省は諮問委員会の意見に従ってベルベル勅令の廃止を宣言した。かくして地方の地域にはすべてイスラーム法が適用されることになり、統一家族法制定の準備が整った。残る大問題は、シャリーアを法典化するにしても、新家族法はどの程度までシャリーアに忠実であるべきかということだった。一九五七年八月、国王は親族法と相続法の諸問題に関するイスラーム法の規則を明確に定める必要性があることを宣言し、別の特別委員会を設置し、法典化の任務にあたらせた。国王は第一回委員会の開会の辞で「我々は外国の実定法に頼る必要がないほど豊かなものを手にしている。・・・我々の栄光に満ちた遺産の中に見失われていたものが、結局はシャリーアと一体をなしてしまい国の進歩と発展を遅らせてきた不毛な注解や不条理な慣習から解き放たれ、遂に真の姿で現われてきた。・・・従って組織的に構成された条文へとまとめ上げられたテキストを作り上げる必要がある[14]」と述べている。そして皇太子（後のハサン二世）と司法大臣アブデルクリム・ベンジェッルーンも同じ言葉で委員会の任務を繰り返し述べている。すなわち、モロッコ家族法の法規則を明確な構造をもったテキストへと編成することによって明白なものにし、それらをイスラームの諸原理の中に基礎付けることである。この委員会は、国王評議会所属の二名の大臣、アル・ファースィー、シャリーア控訴裁判所の五名の高官、王室高等裁判所付きの法律顧問一名、国王諮問会議のメンバー一名で構成されていた[15]。司法大臣が議論のたたき台となる法案を委員会に提案する任務を引き受け、アル・ファースィーが委員会報告担当者として法案について説明し、所見を述べ、修正すべき点を指摘することになった。委員会の仕事に対する最終責任は司法大臣が負い、司法大臣が国王に報告書を提出することとされた。いかなる法案も国王による承認がなければ法律にはなりえなかった。ここにおいても国王は、潜在的に抗争し合う諸勢力の仲裁者としての立場を堅持したのである。従って委員会の作業を通じて生み出される法律が保守的なものになることは当初から決まっていた。

家族法『ムダウワナ』は一九五七年一一月から一九五八年三月にかけて一連の王令として何回かに分

けて公布され、その後最高裁判所の判決と司法省の通達によって補充された[16]。『ムダウワナ』の内容は当初国王が言明していたとおりシャリーア—特にマーリキー派の法学説—にほぼ合致しており、アル・ファースィーが委員会のメンバーであったにもかかわらず、イスティクラール党が主張してきたような改革はほとんど実現されなかった。『ムダウワナ』にみてとれるのは、部族社会の親族関係モデルが法的に制度化されたことであり、女性の法的身分には基本的に何の変化も生じなかった。

先ず婚姻は、夫の指導の下に家族を形成することを目的とした男女の契約として定義されており、二名の証人の前で両当事者の合意が表明され、婚資が支払われることによって成立する。婚姻が成立するために必要な条件はこの二つだけである。ただしマーリキー派と同様に、女性が婚姻への同意を直接的に言葉でもって表明するのではなく、女性が婚姻契約に同席することも必要とされていない。婚姻への同意は、婚姻する女性の婚姻後見人—これは男性に限られる—によって表明されなければならない。要するに、婚姻は二つの家をそれぞれ代表する男性間の問題である、という考え方がここに示されている。しかし、マーリキー派と異なり、婚姻後見人には女性を強制的に婚姻させる権限はない—ただし、女性が不品行（*fasād*）なときは婚姻後見人には婚姻を強制する権限が認められ、強制が妥当か否かは裁判官が判断する—。もっとも、後見人による婚姻の強制を制限する条文は、婚姻契約時に女性が後見人によって代理され、婚姻契約の署名に女性が立ち会う必要さえないことから、十分な実効性を持たなかった。更に、婚姻可能な最低年齢は、男性が一八歳、女性が一五歳と定められた—しかし最低年齢に達していない男女の婚姻が裁判官の判断で許可されることがある—。この最低年齢の規定は、身体的に婚姻が可能になる年齢（婚姻適齢）に達すれば婚姻が成就されうることを定めたマーリキー派の法とは異なっている。また法律上の成年者は男女ともに二一歳以上とされたが、成年者であっても女性は婚姻締結に際して婚姻後見人を必要とし、婚姻後見人が女性の名において婚姻契約を締結しなければならない。そして最後に、ムスリムの女性と非ムスリムの男性との婚姻は禁止され、このような婚姻は無効とされている。

次に、夫と妻の権利と責任に関しても『ムダウワナ』はマーリキー派に従い、夫に対しては、妻を養い、妻が妻の親戚を訪問したり招いたりすることを許可し、妻が妻の財産を夫のコントロールなしに管理することを認める義務などを課し、妻に対しては、身を品行方正に保ち、夫に服従し、家事を立派にとり行い、夫の父母や近親を敬う義務などを課している。妻は夫の親戚を敬う義務があるのに対し、妻が自分の親戚を訪問したり招いたりするときは夫の許可が必要とされている点に『ムダウワナ』がマーリキー派と同様に父系制の家族観を前提にしていることが示されている。

更に婚姻の手続に関しては、婚姻登記の問題が重要である。婚姻登記は家族法の他の諸規定を適用する際の前提になっているからである。マーリキー派のように、法が婚姻を私的な行為とみなしている限り、司法も行政も家族法の他の諸規定を執行することができない。この点『ムダウワナ』には登記手続を定めた条文が存在していた。しかしその後この条文は登記を任意とする法律によって破棄されることになる。当初『ムダウワナ』は、両配偶者が誰であるか、女性の婚姻後見人が誰であるかが記載され、二名の証人の署名ある婚姻証書を登記所に提出することを要求していた[17]。更に、婚姻可能な最低年齢の遵守を確実なものにするために、両配偶者自身が登記所に赴き、出生証明書を提出すべきものとされた。というのも、婚姻契約には役人も宗教的権威も立ち会わないことから、婚姻する人間と出生証明書の所持者が実際には別人である可能性があるからである。それゆえ、出生証明書が真正なものであることを登記所の役人が確認できるように、配偶者自身が登記所に出頭するよう義務付けられた。このことは女性が役人の前でヴェールをとり、役人に自分の顔を見せることを意味していた。しかし結局のところこの条文は、登記制度が不備であったこと、そして娘が遠くの役所に出頭し、役人の前でヴェールをとることに家族が反対したことから、本省通達により、婚姻証書と出生証明書の提出は不要となり、女性が自ら出頭しなくても二名の親戚―この親戚は女性が選んだ者である必要はなく、女性の家族が選んでもよい―の口頭の証言で十分であるとされた[18]。しかしこうなると婚姻に関する偽りの申告が増大するだろう。婚姻後見人制度が維持され、婚姻への同意を直接表明することが女性に認められていない限り、そして婚姻証書や出生証明書の提出が不要とされている限り、婚姻可能な最低年齢に達していない子の婚姻や強制的な婚姻を防止することは困難だからである[19]。

離縁に関しては、『ムダウワナ』は離縁を裁判所の介入なしに行われる私的行為とみなす点ではマーリキー派と同様であるが、マーリキー派と異なり離縁には二名の証人が立ち会い、夫によって宣言された離縁を記録し、記録は離縁された女性が所有することとされている。女性はこの記録を、離縁されたことの証拠として使用することができる。しかしこれは公的な証書ではなく、二名の証人が離縁の事実を記した単に私的な記録にすぎない。また『ムダウワナ』は三重の離縁を認めず、夫に対し、離縁した妻に夫の資産にみあった賠償（ムトア）を支払うよう要求している。更に裁判による離婚手続に関しても『ムダウワナ』はマーリキー派とほぼ同一の規定をもうけている[20]。要するに『ムダウワナ』はマーリキー派と同様、好きなときに婚姻を終らせる特権を夫に認めた。

ポリガミーもシャリーアに従って認められている。そして妻たちを不正に差別する恐れのあるときポリガミーは認められないという主観的制限もシャリーアに従って採用されている。しかし『ムダウワナ』は妻に対して、夫が第二の妻を持たないことを約する条項を婚姻契約の中に加える権利を認めた。それにもかかわらず夫が条項に反して第二の婚姻を行ったならば、妻は裁判官に自分が被る害を評価してもらうことができる。もっとも『ムダウワナ』は、このような場合に裁判官が何を行うべきかについて何も規定しておらず、裁判官が夫に対し第二の婚姻を禁止できることも明記されていない。また『ムダウワナ』は、夫が二番目以降の女性と婚姻する場合、自分が既に婚姻している事実を当の女性に告知すべきことを規定している。『ムダウワナ』は役人の介入なくして婚姻契約が結ばれることを許していることから、ポリガミーを制限する諸規定は厳格な法的義務を課しているというよりは単なる勧告に近い意義しか持たないだろう。

親子関係に関しても『ムダウワナ』は明白に父系制を前提にしており「法的な親子関係は、子がそれによって父とナサブ（*nasab*）の関係に入り、父の宗教（*dīn*）に従うことになる」こととして定義されている[21]。更に相続に関しても『ムダウワナ』はマーリキー派に忠実であり、遺言成立の条件、相続人の特定、遺産の分配についてマーリキー派と同じルールを採用し、遺産分配における男女の不平等についても同様である。しかし、遺言作成に関して『ムダウワナ』は二名の公証人による確認と遺言者の署名を要求していたが、民事の登録を行政がコントロールすることの困難さゆえに、遺言成立の条件は緩和され、何らかの正当な理由があって二名の公証人の面前で遺言を作成できないときは証人の立ち会いだけでも有効な遺言は成立し、しかも書面による必要はなく口頭でもよいとされている。またシャリーアと同様に『ムダウワナ』は男系親族の男性に相続上の特権を認めており、委員会のメンバーだったアル・ファースィーは被相続人がファルドの相続人もアサブの相続人も残さず死亡したときは、その相続財産は女系親族に移るという趣旨の条文の付加を提案したが、委員会はこの提案を採用しなかった[22]。また相続財産の分配に関してもシャリーアと同じく男性は女性の二倍とされている。

最後に『ムダウワナ』は、特定の法律問題に対して適用可能なルールがテキストの中に見あたらないときはマーリキー派の学説に依拠すべきことを条文で規定している。要するに『ムダウワナ』は、ポリガミーが許される条件、婚姻の最低年齢、婚姻の強制、三重のタラークなど幾つかの点に関してマーリキー派の法を若干修正しているものの、総体的にみれば、モロッコで支配的であったマーリキー派の法学説を法典化したものだった。それはマーリクの法学説の勝利であったと同時に[23]、男系親族の紐帯で結合した家父長制的家族観念の勝利であり、更には地方の部族社会において支配的であった父系制家族構造の勝利でもあった。もっとも『ムダウワナ』制定に部族が直接働きかけたわけではない。独立後、国王にとって部族たちは王権を支持してくれる貴重な同盟者であり、国王は家族法制定に際しても部族社会の秩序を乱すことなく現状維持の政策をとることによって部族との同盟関係を維持しようとしていた。国王は『ムダウワナ』制定によって、地方の部族によって保持されている社会観に合致した法律を自分が選択したことを、当の部族のカーイドたちに伝えたのである。

1 Charles-André Julien, *L'Afrique du Nord en marche: Nationalismes musulmans et souveraineté française* (Paris, 1952) pp. 143-153. Roger Le Tourneau, *Evolution politique de l'Afrique du Nord musulmane, 1920-1961* (Paris, 1962) pp.180-185.

2 M. E. Combs-Schilling, *Sacred Performances: Islam, Sexuality, and Sacrifice* (New York, 1989) pp. 9-12, 175-187.

3 Ernest Gellner, 'Paterns of Rural Rebellion in Morocco during the Early Years of Independence' (Ernest Gellner, Charles Micaud, eds., *Arabs and Berbers: From Tribe to Nation in North Africa*, Lexington, Mass. 1972, pp. 361-374) p. 373.

4 この点に関する重要な研究は Rémy Leveau, *Le fellah marocain: Défenseur du trône* (Paris, 1976)

5 Abdelali Doumou, 'Etat et légitimation dans le Maroc post-colonial' (Abdelali Doumou, dir., *L'Etat marocain dans la durée, 1850-1985*, Rabat, 1987, pp. 65-89) pp. 75-79.

6 Id., p. 76.

7 John Waterbury, *The Commander of the Faithful: The Moroccan Political Elite – A Study in Segmented Politics* (New York, 1970) pp. 61-80.

8 Id., p. 170.

9 Kenneth Brown, 'Changing forms of patronage in a Moroccan city' (Ernest Gellner, John Waterbury, eds., *Patrons and clients in Mediterranean societies*, London, 1977, pp. 309-327)

10 J. Waterbury, *The Commander of the Faithful*, op. cit., p. 244.

11 Id., p. 315.

12 Kenneth Brown, 'The Impact of the Dahir Berbère in Salé', (E. Gellner, C. Micaud, eds., *Arabs and Berbers*, op. cit., pp. 201-215) p. 215.

13 『自己批判』の中の家族や親族関係に関する諸章の仏語訳は、Maurice Borrmans, *Documents sur la famille au Maghreb de 1940 à nos jours* (Roma, 1979) pp. 127-159. 要約は id., *Statut personnel et famille au Maghreb de 1940 à nos jours* (Paris, 1977) pp. 177-188.

14 Id., *Statut personnel*, op. cit., pp. 194-195.

15 Id., p. 194, n. 9.

16 『ムダウワナ』の仏文テキストは id., *Documents sur la famille*, op. cit., pp. 220-271. 要約は id., *Statut personnel*, op. cit., pp. 197-239. 補充については id., pp. 246-256. また解説付きのテキストが André Colomer, 'Le code du statut personnel marocain (la moudawwana)' (*Revue algérienne, tunisienne et marocaine de législation et de jurisprudence*, tome 77, 1961, pp. 79-217) pp. 79-201にも掲載されている。

17 M. Borrmans, *Statut personnel*, op. cit., pp. 207-208.

18 Id., pp. 249-250.

19 Id., p. 250.

20 Id., pp. 211-214.

21 Id., p. 217. 父の宗教に従うという文言の付加を要求したのはアッラール・アル・ファースィーである。これによ

って混合婚から生まれた子に関する不確定性が除去された。(ibid., n. 100)
22 Id., p. 231.
23 A. Colomer, 'Le code du statut personnel marocain', op. cit., p.200.

二 『ムダウワナ』改正に向けて

『ムダウワナ』が制定される八ヵ月ほど前の一九五七年三月一八日、独立民主党―独立民主党は既に一九四〇年代から女性運動組織を擁していた―の仏語の機関誌〈Démocratie〉に、モロッコの或る女性団体によって書かれた『法の博士たちに対する公開質問状』なるものが掲載された。そこには以下のような質問が載せられていた[1]。

「あなたがたが言うように、もしイスラームがあらゆる時代とあらゆる社会のために女性の権利の法を定め、女性を男性と平等にすることにより女性を極めて高い社会的地位に置いたというのであれば、以下に述べる様々な点に関し、どうして男女の差別や男性の特権的地位が認められるのか。

(1)イスラーム法において女性の証言が男性に比べて半分の価値しかなく、或る事例においては女性の証言が全く認められていないのはなぜか。

(2)イスラーム教徒の女性はなぜ本省職員の仕事に就いたことがないのか。

(3)なぜイスラームは男性と同じ資格で宗教的集会に出席することを女性に許さなかったのか。

(4)なぜ父親や後見人は、自分の娘や被後見人に相談することなく、あるいは彼女たちの意見を顧慮することなく、娘や被後見人を自分が欲する者と結婚させる絶対的な権力を有しているのか。父親に認められているこのような権利が母親に認められていないのはどうしてか。
（5）なぜ未亡人や離婚した女性は婚姻をするときに男性に代理してもらわなければならないのか。
（6）なぜイスラームは男性だけに妻を離縁する権利を与え、女性からこの権利を奪っているのか。
（7）『女性は信仰心と英知に乏しい』というハディースにより女性の尊厳が傷つけられているのはなぜか。
（8）なぜイスラームは、信頼できる監督者なしに女性が単独で旅行することを認めていないのか（これを認めないことは女性が純潔でないことをあからさまに非難するようなものである）。」

これより一ヵ月前同じ雑誌に、「我々は男性との平等を望む」と題し〈*Souad*〉という署名のある論文が公にされていた。この論文は『進歩的』といわれる男性が我々に対して示す家父長的で尊大な精神」を告発し、「我々は、時代遅れの家族観に基づき社会悪の根源となっているポリガミーが廃止されることを望み、また相続に関する男女の平等を要求する」と率直に明言している[2]。

当時、これらの要求をつきつけたのは、進歩的と言える少数の教養ある女性、特にモロッコ独立のナショナリズム運動の先頭に立っていた女性であった。しかし彼女たちは女性解放運動を加速させ、法改革を通じて新しい習慣や実践を社会に導入していくために、例えばチュニジアのブルギバのような人物を見つけ出すことができなかった。この時期にこれらの女性にとって模範となったのは王家のメンバーだった。ムハンマド五世の長女ラッラー・アーイシャは、一九四七年タンジェの女子校の開設式のときにヴェールを被ることなく姿を現わし、このとき以来、公の場でヴェールをつけたことはなかった[3]。モロッコ独立の直後、新聞、雑誌、特にモロッコの公衆の間で人気のあった映画ニュースは、二人の息子と四人の娘に囲まれた国王ムハンマド五世の姿を掲載し、写していたが、これらの国王の子供たちはヨーロッパ風の服を着ており、愛国主義的な様々なデモに参加していたのである。それゆえ、社会の一般的風潮としては、変革の順風が吹いていたと言ってもよく、イスティクラール党を中心としたナショナリズム＝サラフィー主義[4]の政治的言説も、独立した新生モロッコ構築への女性参加を推進し、女性の地位の改革を呼びかけていた[5]。

しかし女性の地位の向上は、ヨーロッパの文化や生活様式に触れた「進歩的」な人々に特有の要求というわけではなく、一九世紀末以来、モロッコのイスラーム改革主義のプログラムの一部にもなっていた。既に述べたように、イスティクラール党の指導者であったアッラール・アル・ファースィーは、カイロ亡命中の一九五二年に公刊された『自己批判』の中でモロッコの家族問題に多くのページを充て、家族改革の必要性を強調していた。もっともアル・ファースィーは、ムハンマド・アブドゥ[6]の伝統に忠実だったことから、例えばチュニジアのアッターヒル・アル・ハッダードのような急進的立場に至ることはなかった[7]。

モロッコが独立したとき、女性の地位をめぐる諸問題は既に長い間議論されていたが、政治的サラフィー主義の擁護者であったイスティクラール党の党員の中にも近代思想に好意的な—少なくとも伝統的な信仰や慣行には敵対的な—男女が含まれていた。一九五六年に、著名なフェズのカラウィーン大学のウラマーの一人はイスティクラール党のアラビア語の機関誌〈*al-ʻAlam*〉の中で「国王陛下が古くさくなった法—これにはマーリクの学説から取られた法も含まれている—をひっくりかえしてしまうような法律を発布するのを我々が目のあたりにする日が来るだろう」と述べており、また同政党の仏語の機関誌もヒジャーブや離縁、ポリガミーや婚資などを批判する論文を掲載していた。更にこの時期、ナショナリズムの運動に参加し、国家独立のために闘った女性たちも、このことを理由に独立後の参政権と市民権における男女平等を要求していた。

ところが一九五七年に『ムダウワナ』が制定されたとき、上記の理念と要求は背後に退けられてしまった。既に述べたように司法大臣アブデルクリム・ベンジェッルーンによって起草された法案は国王が設立した十名のウラマーから成る委員会—このメンバーにはアッラール・アル・ファースィーを含む三名の重要なモロッコ・サラフィー主義者が加わっていた—の審議に付された。当時未だ皇太子であったハサン二世はこの法律について次のように述べている。「私は個人的にはこう考えている。この『ムダウワナ』の目的は宗教的ないし法的なものではなく、矛盾した思想や傾向に直面した二〇世紀のモロッコがその上で生きていけるような社会的基盤を確固としたものにして、我々があなたたちの努力のおかげでイスラームの真の基礎を確言し、イスラームを時代遅れの反動的な立法にしようと欲する悪しき意図を制止できるようにすることにある[8]。」

しかし結果は全くもって期待はずれだった。明らかに性急に仕上げられた『ムダウワナ』は、アッラール・アル・ファースィーの『自己批判』にみられるような改革的思想を取り上げることも、少数の女性運動家たちの要求を顧慮することもなく、司法大臣の法案にみられる比較的リベラルな規定を保持することさえなかった[9]。要するに『ムダウワナ』は既に述べたようにマグレブの伝統的なマーリキー派のフィクフを法典化したにすぎなかった。むしろ立法者の主な関心は、一九三〇年以来、モロッコの人民の一部をマーリキー派の法適用から除外してきた「ベルベル勅令」の廃止にあったと思われる。保護領になる以前の状態に戻ることがモロッコの真正さと独立の徴とみなされ、マーリキー派のフィクフの文言に忠実であることがアラブ＝イスラームの伝統との連続性を維持する保証と考えられたのである。ウラマーによって仕上げられてきたイスラーム法に合致しない慣習を廃止することの方が、大多数の国民が望む社会改革より重要だった。アッラール・アル・ファースィーと法典化委員会の仲間たちにとって、進歩とはイスラーム法のテキストの精神と文言を再発見することであり、保護領の時代にモロッコ社会が被った変化を考慮することではなく、家族の新しい状況に法律を適合させることでもなかった。結局のところサラフィー主義は、モロッコのアイデンティティーを救うための国民主義的保守主義に奉仕することになった。イスティクラール党の党首は、自分の党の近代主義的世俗主義的な傾向を持った同志（ベン・バルカやアブデッラヒーム・ブーアビードなど）―これらの人々が志向することは『ムダウワナ』法典化委員会の神学的法学的関心とは程遠いところにあった―よりも、自分と同じ言葉で話すカラウィーン大学の昔の仲間や教師とより強い連帯感を抱いていた。混合婚をアル・ファースィーが非難したことにも当時の彼の精神状態がよく表われている。

これまで多くの人々によって強調されてきたように、『ムダウワナ』にも肯定的に評価すべき点があったことは確かである。すなわち、従来はカーディーの解釈に任せられてきたことが制定法となり、例えば婚姻の最低年齢が確定され、慣習法（ウルフ）が廃止され―特に幾つかのベルベル人地域では娘を相続から排除する慣習があったがこの種の慣習が廃止された―、更に、娘（ないし被後見人）の意思を顧慮することなく父（ないし後見人）が娘（ないし被後見人）を強制的に婚姻させるジャブルの権利が廃止され、離縁が濫用されたときに妻にムトアへの権利が与えられたことなどである。しかしこれらのことは、独立後に成し遂げられるだろうと多くの人々が期待したことに比べると些細な変革にすぎなかった。

かくして一九七〇年代末から『ムダウワナ』批判が活発化し、改正の必要性が叫ばれ、特に幾つかの法規定が激しく非難されるようになった。一九七〇年代末といえば、『人民勢力国民連合』内部のフキフ・バスリに指導された一派が王制に対し反乱を企て（一九七一年六月）、軍によるクーデタが失敗に終り（一九七一年七月と一九七二年八月）、またマルクス・レーニン主義者のグループが革命をスローガンに運動していた時代が既に終結し、一九七五年一一月の―西サハラをスペインから奪回するための―〈Marche Verte〉の後、アラウィー朝の王権を中心とした国民的合意の時代へとモロッコが移行していったときだった。一九七九年、国王自身の発意により『ムダウワナ』改正に向けて委員会が発足した。しかしこの委員会のメンバーも、カラウィーン大学の二名の教授、ラバト大学法学部長、二名のウラマ―その他司法省の多くの高官など、伝統的イスラーム法の教育を受けた人々だった。一年間、外部から遮断された状態で改正作業が進められ、一九八一年五月五日、司法省の代表者によって法案が間もなく公にされることが告知された。しかし任務を完了した委員会が法案を内閣官房長に送るべきか、その前にウラマー評議会の承認を得るべきか逡巡しているうちに、一九八一年六月、カサブランカで―小麦粉、砂糖、バターなどの価格高騰に端を発した―暴動が起きて改革案の実施は無期延期となってしまった。法案の内容は委員会ではなく、委員会の協力のもとに「家族に関する研究作業グループ」によって公に示されたが、法学者や女性団体、家族問題の専門家そして諸政党でさえ法律の施行が無期延期されたことを批判した。

『ムダウワナ』の改正すべき諸問題に関する最も重要な研究としては、法学者アブデッラザク・ムーライ・ルシドの『モロッコ女性の状態』と題する著書を挙げることができる[10]。ルシドは近代主義者であると同時に西洋モデルの無批判的な受容を拒否し、イスラームの真正な価値を認める一方で、スンニー派の解釈がイスラームの真理を独占しうることを否定し、正統的イスラームに対しては距離を置いた立場をとっている。ルシドによればイスラーム法は本質的に人間が創り出したものであり、これを改革していく必要がある。改革は創造と解釈によってこれを推進していくことが可能であり、だからといってイスラームの立法者ムハンマドの精神に反することにはならない。モロッコのウラマーと『ムダウワナ』を改正しようとする人々にとっては、預言者ムハンマドの足跡を辿り、ムハンマドが行った改革の試みを続行するだけで十分である。

ムーライ・ルシドにとってモロッコ社会を動揺させ、社会内部での対話をさまたげている最も大きな問題は「文化的二元主義」である。モロッコにおけるアラブ - イスラーム文化と西洋文化の対抗関係は思想、価値観、そして女性に関するイメージにまで浸透し、矛盾に満ちた観念形態を醸成している。この精神分裂的な構造は国家の上層部からごく日常的な国民の行動様式にいたるまで、社会生活のあらゆる領域―政府の行動、政党政治、ウラマー同盟が下す決定、ラジオやテレビ、報道、芸術的創作や文学、特に法律適用の任務を帯びた裁判官の養成―にみてとることができる。文化的二元性が社会の基盤の一つとして存在する限り、モロッコの国民にとって光明に満ちた将来を期待することはできない。

ムーライ・ルシドはイスラームの内部に身を置いて語りながら、発展的で勇気あるイスラーム解釈の方法を採用すべきであり、クルアーン自体がこのような解釈を認めていることを主張し、モロッコ身分法改正の要点を取り扱った第二部で、男女の基本的平等と、女性に対し男性は優位するという前提に立ったあらゆる男女差別の撤廃を唱道している。そしてムーライ・ルシドは自分の主張を幾人かのイスラーム法学者の見解の援用により擁護しているが、これら法学者の中には既述のチュニジアのアル・ハッダードも含まれている。「モロッコにおける男女平等の勇敢なる弁護[11]」として積極的に評価されたルシドの本書は次のような改革を提唱している。

（1）婚姻契約の締結に際して成人女性にも後見人を要求するような制度の廃止。

（2）妻に対する夫の優位を否定し、夫と妻の平等を促進すること。

（3）夫と妻の間の伝統的な分業を見直し、財産を管理・処分する妻の自由を認めることで、妻の財産法上の地位を向上させること。

（4）ポリガミーと離縁を廃止し、婚姻関係を一時的で不確実でないものにしていくこと。

（5）相続における男女平等がイスラームの最終的目標であり、この目標に向けて女性の相続法上の地位を向上させること。

これ以外にムーライ・ルシドは立法による女性の労働条件の改善と公務における男女平等を主張している。ルシドの提唱はやがて一九九二年五月に提示されることになるフェミニズム運動家たちの要求とほぼ同じものだった。しかし、仏語で書かれたムーライ・ルシドの著作は伝統的なイスラーム法に対する大胆な批判を含んでいるにもかかわらず、フィクフの擁護者であるサラフィー主義のウラマーや戦闘的イスラーム主義者の注目を惹くことはなかった。ルシドの書物が刊行された後も多くのモロッコ家族研究が発表されたが[12]、その結論は決まって『ムダウワナ』が社会の発展と齟齬をきたしており、モロッコの家族が抱える諸問題や衝突を適切に解決することができなくなった、という趣旨のものだった。しかしルシドをはじめとするこれら『ムダウワナ』の批判者の立脚点はあくまでもイスラームにあり、彼らの主張は伝統的なイスラーム法—そしてこれを表現する『ムダウワナ』—が正しく解釈された真正のイスラームに違背しているということだった。彼らによれば、女性とその身分に関するフカハー(*fuqahā*)の伝統的見解は宗教としてのイスラームとは何の関係もなく、ただイスラームの名を借りて男女の不平等を—家族と社会における男女の役割や労働の分担を—まことしやかに正当化しているにすぎない。クルアーンとハディースはこの種の問題に関して最終的で決定的なことを何ら述べてはいない。シャリーアの法源であるクルアーンとハディースの中には男女間の自然的差異を確定するような断定的な言説は存在しておらず、むしろ男女間の知的および身体的な平等性に関する一般的な宣言をその中に認めることができる。フィクフによって選択され、神の法としての覆いをまとわされたシャリーアは実際には法学者の創造物、人間が創り出したものにすぎない。そして『ムダウワナ』の起草者は人間が創り出したこのシャリーアをモロッコ法として制定し、イスラームとイスラームの根本原理への忠実さを装いながら、フカハーが創り出したシャリーアをモロッコの女性に押しつけているのである。

更に、マーリキー派に忠実に『ムダウワナ』によって定められた女性の役割はイスラーム教に合致していないばかりか、モロッコの現代家族の中で実際に女性が演じている役割とも齟齬をきたしている。『ムダウワナ』が前提にしている家族についての法的言説はイメージされた家族に関するものであって、イスラーム法に合致した理想的家族など実在しない。フィクフが、そして『ムダウワナ』が定める男女間の労働の分業は一種の神話であり、モロッコ法が課する理想的家族の支配的観念は、大多数のモロッコの家族の現実とは遠くかけ離れたものになっている。モロッコの家族に生じた構造的および機能的変化は新たな均衡を要求し、法はこの新たな均衡を承認しなければならない。将来『ムダウワナ』を改正する立法者は、もしモロッコ家族の現実と法文の合致を望み、家族のメンバー間で権利義務の平等が実現することを望むのであれば、マーリキー派のフィクフへの―特定の社会的歴史的脈絡において考え出されたにすぎないフィクフへの―忠実性を放棄し、新しい法観念へと―真のイスラームが夫と妻の関係を観念する仕方に合致した新しい法観念へと―到達すべく努力しなければならない。イスラーム法の現代的解釈は家族の発展にとって根本的に必要なものとなっており、イスラームの進歩的な解釈こそ配偶者間の合理的な平等へと至る道、サラフィー主義や家父長制的イデオロギーを終焉させる道なのである。伝統的な家族構造の正当化において役割を演じた宗教的イデオロギーを要約して表現すれば、公的空間、生産的労働、財の獲得が男性の権利であり、家への監禁、雑役と家事が女性の義務である、ということになる。しかし、イスラームはこのようなイデオロギーとは無関係である。

以上のような『ムダウワナ』批判者たちの主張に共通しているのは、批判は外国から輸入された何らかの世俗的観念ではなく、あくまでイスラームの特定の理念の名において実践されねばならないということである。一九六〇年から七〇年代にかけてのマルクス・レーニン主義の女性解放運動は、ウラマーによってイスラーム社会とは縁のない主張、宗教一般に敵対する共産主義的無神論の主張と一緒くたにして拒絶されてしまった。ウラマーにとって無神論的な女性解放運動をイスラームの名において拒絶するのは容易なことだった。しかしルシドに代表される批判はイスラーム教を前提とし、ウラマーによるイスラーム法解釈の独占に異議を唱える人々の批判であることから、ウラマーはこれを頭ごなしに否定することはできず、自分たちのイスラーム法解釈の方が正しいことを証明しなければならなかった。そしてこれらの批判者は、サラフィー主義にも批判の鉾先を向け、サラフィー主義がイスラーム改革主義であったにもかかわらず、伝統的な家父長制家族観に立ち、アル・ファースィーに象徴的にみられるように根本的な社会改革に至らなかったことを指摘する。

さて、一九九二年三月七日の「国際女性記念日」の翌日に、「女性行動連合」（UAF）[13]によって開始された『ムダウワナ』改正のキャンペーンは、ムーライ・ルシドなどの主張にそって、イスラームの現代的解釈の枠組の中で進められた。このキャンペーンの目標を明示し、国内のみならず国外の世論へと向けて発せられた『厳粛なる宣言』の中では、モロッコのフェミニズム運動が『ムダウワナ』改正を第一の要求としてかかげるに至った理由として、モロッコ女性の社会的状況に大きな変化が生じ、民主主義的な制度の下で女性解放と男女平等を実現しようとする強い欲求と願望が女性の間に生まれたこと、『ムダウワナ』の適用が女性の基本的諸権利を侵害しているだけでなく家族の危機をより深刻なものにし、多数の未成年者の浮浪のような社会問題の原因になっていることなどが挙げられている。更に「女性行動連合」は国民議会に宛てた公開状の中で、モロッコにおいて有権者の半数が女性であり、労働力人口の三分の一を女性が占めているにもかかわらず議会の会期の一ったりとも女性問題にあてがわれなかったことを指摘し、次の基本的な考えに従って『ムダウワナ』改正を至急検討すべきことを国会議員に対し要請した。

（1）法の下での市民の平等なくしては真の民主主義は機能しえず、存在することさえありえない。そして民主主義は国家と社会の関係を民主化するだけにとどまらず、社会自体の内部に存在する諸関係—

これには、公的領域における男女の関係と、社会の中核を成す家族の内部での妻と夫の関係も含まれる―の民主化を要求する。

（２）身分法は一つの法学派の排他的なイスラーム法解釈によって法典化されるべきものではなく、また、イスラーム法テキストの字義的解釈を通じて制定されるべきものでもない。これは現国王ハサン二世が皇太子のときに『ムダウワナ』法典化委員会の面前で行った演説に示されていた考え方であり、司法省によって作成された最初の草案の精神でもあった。必要なのはシャリーアの意図（***maqāṣid al-sharʻ***）に従うこと、すなわち公平、正義、平等を実現し、人間の尊厳を尊重し、イスラーム社会が発展して人々の暮らしが向上していくための諸条件を保障することである。

（３）モロッコは、あらゆる女性差別を撤廃するためのコペンハーゲン条約に調印しナイロビ会議決議に署名したことで、『ムダウワナ』をはじめとして女性への偏見がみられるすべての法律を改正しなければならない。

（４）モロッコの憲法は男女の平等を宣言し、女性に選挙権と被選挙権を認め、すべての市民に男女の区別なく労働への権利を保障しているが、『ムダウワナ』は男女の権利義務の不平等性と男性に対する女性の従属性を前提にしており―男性は女性から労働の権利を取り上げ、成人女性が自らの意思で婚姻する権利を取り上げている―モロッコ憲法に違反している。

（５）三十年以前に定められた『ムダウワナ』はモロッコの日常的生の現実からかけ離れたものになっており、家族をはじめとして社会的諸関係全般に生じた変化と齟齬をきたしている。女性が高等教育を受けられるようになったこと、行政や経済の領域で女性が重要なポストを占めるようになったこと、家族の家計の三五パーセントが女性によって担われていることなどが『ムダウワナ』の法文―女性を男性より劣った者として生涯未成年者の地位に置き、女性に対し後見を強制し、自分の子供を監護する権利を女性に認めない『ムダウワナ』の法文―と明白に矛盾している。

（6）『ムダウワナ』はモロッコの家族が抱える諸問題を解決できなくなっているばかりか、裁判所の介入なくして夫に離縁の絶対的権利が認められていることは高い離婚率と家族崩壊の要因になっており、また（離婚後、前夫によって支払われる）扶養定期金に関係した書類が裁判所に山積みにされる事態を惹き起こしている。

以上のことを理由に「女性行動連合」は国民議会に『ムダウワナ』の改正を要求し、その際、次の点に留意すべきことを付言している。家族を配偶者間の公平、平等、連帯性に基礎付けられた制度として理解すること、法的成年に達した女性には男性と同じく完全な能力を認め、婚姻に関し後見人の同意を必要とせずに自由に婚姻する権利を与えること、両配偶者に同等の権利義務を認めること、離婚を裁判所の管轄事項にして、裁判所に対し離婚を要求する権利を夫と妻の両者に認めること。ポリガミーを禁止すること。子供に対する後見権を夫と同じ資格で妻にも認めること。労働や研究活動を、男性が女性から取り上げることのできない不可譲の権利として認めること・・・。この後、「女性行動連合」の運動家たちはモロッコ国中から百万人を目標に署名を集め、これを国民議会の議員たちや行政当局に突きつけることによって『ムダウワナ』改正が前衛的なフェミニズム運動家だけでなく大多数のモロッコ国民の要望でもあることを示そうとしたが、この署名に向けて「連合」が人々に提示した陳情書の内容も以上のようなものであった。

公開状で展開されている議論の基底にあるのは第一に、国家と市民社会の間の諸関係、そして市民たち相互の諸関係の民主化に基づいた法治国家の理念であり、第二に、イスラームの平等で公平な精神のみを考慮に入れたイスラーム法の現代的解釈、そして第三に法律の合憲性および国内法と国際条約の合致であり[14]、第四に法秩序に対する社会的現実の優位―法は社会的現実と歩調を合わせる必要があり、さもないと法は社会の発展を阻害し、家族および社会全体に危機と衝突を生み出す要因となるという考え方―である。

さて、『ムダウワナ』改正のキャンペーンは公的諸制度の民主化と憲法改正―これは国王と諸政党がともに望んでいることでもあった―をめぐる討論が活発化していた最中に開始された。フェミニズム運動家たちはこれを好機として、民主主義的諸勢力と野党に対し、女性の基本権を無視しては真の民主主義の樹立が不可能なことを訴えた。「女性行動連合」の執行部が諸政党に宛てた報告書には次のように主張されている。制度改革は専制政治を乗り越えることを目指すだけでなく、専制政治と相補的な関係にある男性支配の廃止を目指すべきであり、社会の半数を占める女性を疎外し、女性に対し完全な市民権を否認している限り真の法治国家の建設はありえない。祖国を真に愛する政党には女性の体系的疎外を阻止する義務があり、女性の地位向上が法治国家樹立を目的とした制度改革の主要な部分であることを自覚する責任がある。社会生活のすべてのレヴェルにおける男女の平等、家族と母子関係の保護が憲法に明文化され、これを保障する諸制度の設立によって具体化されるべきである・・・。そして報告書は最後に、メンバーが選挙されるすべての公的機関は、少なくともメンバーの二〇パーセントが女性によって占められるべきことを要求している。

以上のような『ムダウワナ』改正の請願によって惹き起こされた反動につき述べる前に、「女性行動連合」の広報部局が一九九二年三月七日に出したプレスリリースの中で相続における男女平等の原則が明白に主張されていたことに触れる必要がある。この原則は国民議会への公開状にも野党に宛てられた報告書にも触れられておらず、国中に流布した請願の最終的文面にも登場していない。相続における男女平等の原則は一部のイスラーム改革主義者により擁護され、近代主義的イスラーム法学者（ムーライ・ルシドやアル・ハッダードなど）によって―イスラーム法の解釈としてであろうと、実定法の規定としてであろうと―要求されていたにもかかわらず、アラブ世界のフェミニズム団体の綱領の中に登場することは希であった。この原則はただ一度、一九五九年にカースィム将軍統治下のイラク共和国において実定法化されたものの[15]、一九六三年にバース党が、そして一九六三年から六八年にかけてアーリフ大佐が権力を掌握するに及び、破棄されてしまった。相続における男女平等は、クルアーンの異論の余地のない絶対的なテキスト（*naṣṣ qaṭʻī*）と衝突することから、この平等を要求し公に擁護するには大いなる果敢さが必要とされたのである。一般的に、この種の大胆な要求にとって好機と言える時期は革命時に限定されていた。三月七日の宣言から議会への公開状および請願へと至る間に「女性行動連合」のフェミニズム運動は一歩後退したわけである。その理由はおそらく政治的戦略的なものであったと思われる[16]。

さて、大雑把に言ってモロッコの女性解放運動家たちが要求した改革は、一九五六年八月にチュニジアにおいてブルギバによって制度化された改革以上のものではなかった。しかしこの改革の要求はイスラーム主義運動家と、イスラーム主義運動を支持するウラマーの激しい非難を直ちに呼び起こした。先ず反応したのは「改革再生運動」（*Harakat al-islāḥ wa'l-tajdīd*）―とその機関誌〈*al-Rāya*〉―の代表者たちであった[17]。一九九二年四月二一日の「イスラーム教徒のモロッコ国民」に宛てられた公式発表の中で、アブダッラーフ・ベンキラーンは自分が率いる運動の執行部の名において「女性行動連合」のキャンペーンを断罪した。そして―政党としてではなく結社として―合法性が認められるに至ったイスラーム主義者たちは、アッラーが命ずる「助言と解明の義務」の名において自らの立場を次の十四の点に要約している。

（1）モロッコの人民は「歴史的、実質的、そして体質的にイスラーム教徒」であり、イスラームはためらうことなくして神に服従することを命じている。

（2）イスラーム国家とその統治者および被統治者の本質的な務めはシャリーアの法規定を適用し、シャリーアをその違反に対し守ることである。

（3）不正と社会の害悪に対し闘うことが所轄官庁の法的義務である。

（4）イスラームは一部の人間集団が曖昧で遠回しな手段を用いて他の人々をだますことを禁止している。

（5）「女性行動連合」の請願の文言は非常に曖昧であり、イスラームの法規定とどの点で衝突しているか確認するのが困難なほどである。「このことは、当の請願を広める者たちがイスラーム教徒全体を自分たちに都合のよいように欺こうとしていることを示している。」

（6）請願が一度もイスラームに言及していない事実は、請願の作成者たちがモロッコというイスラーム国家の立法の基礎であるイスラームを認めていないことを示している。

（７）請願にはシャリーアの不可変の規定に違反した要求が含まれている。例えばポリガミーに関して神が許可したことを禁止すべきだという要求、離縁を裁判官の権限にすべきだという要求である。

（８）これらの変革を呼びかける者たちには問題を議論する資格が欠けている。彼らはイスラーム法学者でもウラマーでもなく、むしろ歴史的精神的に宗教一般、特にイスラームに敵対してきた左翼思想の持ち主であることが知られている。

（９）署名を募るために利用された手段は悪意あるものである。というのもイスラーム教徒ならば拒絶することが許されないシャリーアのテキストによって規律されるべき問題を、署名者の人数の圧力によって解決しようとしているからである。

（10）国家のすべての法律がシャリーアに合致するように改正されなければならず、『ムダウワナ』改正もこの一環として行われるべきである。

（11）我々は請願を行ったこれらの者たちが悪しき信念と知的帝国主義そして文明敗北主義から解き放たれ、神のもとに戻り、正しい途を再び見出して自分たちの宗教に帰依するように呼びかける。

（12）我々は全イスラーム教徒に対し請願書に署名しないこと、請願書を流布させないこと、キャンペーンを支持したりこれに参加したりしないよう要請する。

（13）我々はウラマーに、この請願と請願を支持する者に対するシャリーアの判決を、誰も恐れることなく、知を人々に示す自分たちの義務に合致した仕方で明確に宣言するよう要請する。

（14）我々はすべてのイスラーム団体と組織に、シャリーアを擁護し、特にイスラーム法を唯一の法源とする身分法『ムダウワナ』に規定されたシャリーアを擁護するよう呼びかける。

さて、イスラーム主義の潮流に共感するウラマーの反応も直ちに現われた。既に〈*al-Rāya*〉の同じ四月号にはカラウィーン大学の一人の法学者のファトワーが記載されており、そこにはフェミニズム運動家たちの諸要求はイスラームのテキストに反しており、これらの要求を支持したり世に広めたりする者たちは背教者であることが指摘されていた。また同じ法学者は雑誌〈*al-Sahwa*〉の中に法的意見を発表し、『ムダウワナ』によって採用された解決を支持するクルアーンの諸節とハディースを引用してフェミニズム運動が要求する改革がイスラームの不可変のテキストに違反していることを示した後、フェミニズムのキャンペーンは、イスラーム諸国家の中で存続するイスラーム法を排除し、全世界を西洋化することをねらった反イスラームの陰謀―この陰謀の源はフリーメイソンにあり、二〇世紀初頭にアラブ世界で始めてフェミニズムの書物を著したエジプトのカッシム・アミンに始まる―の一つの現われであることをほのめかしている[18]。

しかしイスラーム主義者の反応の中で最も激しく、その影響力が最も大きかったのは組織に属さない独立したウラマーの集団からの反撃であり、同じ雑誌〈*al-Rāya*〉に掲載された、首相と国民議会議長宛の見解書の中でこれらのウラマーは「神に対する、そしてウンマ、国家、全世代のモロッコのイスラーム教徒に対する義務」の名において自分たちの見解を公に示した。第一にウラマーは、モロッコの左翼の人々が湾岸戦争のときに「正しく立派な」立場をとった後、独立以来彼らを導いてきた極端なマルクス主義へと逆戻りしたことに失望したと述べ、フェミニズム運動はアラブ民族とイスラームに対する陰謀であるとの主張を繰り返しながら『ムダウワナ』改正のキャンペーンはイスラームの要塞の一つである家族への襲撃をねらった一種の十字軍であると述べている。そしてウラマーはこのキャンペーンを、モロッコの諸都市全体に広がった労働組合や法的団体の組織網に支えられた「重大な攻撃」として理解していた。ウラマーによると「女性行動連合」が要求していることは西洋の家族の盲目的な模倣であり、これらの女性たちは社会学的研究の基本的な原則について無知である。というのも各々の文明は一つの整合的な世界観や社会観の上に成り立っており、これらを一つの社会から別の社会へと移し入れることはできないからである。これら若い女性の一分派が犯している方法論上の誤りは、独立の直後から国家の教育プログラムによって進められてきたマルクス主義的教育に由来し、このような教育の結果として現代の状況が生じているのである。また、左翼系の雑誌に掲載された論文からは、市民権や男女平等を要求している女性は結局のところ女性の性的自由を要求していることが読みとれる。配偶者間の公正とか平等を要求している者たちは、実際にはクルアーンやスンナのテキストやシャリーアを否定するだけでなく、文明とか近代化とか進歩主義の名において道徳的宗教的なすべての価値を否定することによってモロッコ社会を無神論的でみだらな動物的社会に変えようと欲しているのである。・・・

またウラマーの見解書はポリガミー、離縁、子に対する女性の後見に関して伝統的な見解を繰り返す一方で、労働や研究活動に対する権利については、婚姻後は夫婦生活に対する義務との調整を考慮しなければならず、この点に関して一般的ルールを定めることは不可能であり、「女性行動連合」の要求は単なるデマゴーグにすぎないと述べている。更に見解書はイスラーム法と西洋法における相続制度について述べた後、婚姻後見人の廃止、ポリガミーの禁止、相続における平等の要求はクルアーンとスンナの規定に違反するがゆえに背教（*ridda*）を意味しており、これらを要求する者は背教に対する刑罰（悔悛のための三日間の猶予の後、死刑）に服すべきである、と主張している。シャリーアに違反するこの大罪は、他のイスラーム教徒たちを彼らの宗教から遠ざけ、彼らの信仰を堕落させる第二の犯罪によって加重される。そしてウラマーによれば、以上の断罪はモロッコ憲法で保障されている表現の自由を侵害するものではない。というのも自分たちの断罪は、イスラームを国教とする国家を無宗教の世俗国家にしようとするたくらみに、外国の思想をイスラーム国家と三千万人のイスラーム教徒に押しつけようとする極左グループに向けられているからである。また、マルクス主義者の法律家たちは、シャリーアがモロッコの法律の根本的法源であること、シャリーアに合致しないモロッコのすべての法律は、モロッコがフランスの保護領であった時代の残滓にすぎないことを理解すべきである。要するに、モロッコ国民全体をシャリーア支配の外に置こうとする『ムダウワナ』改正のキャンペーンは、国民半分のみを対象にした「ベルベル勅令」よりもモロッコ国民にとって危険である。・・・

そしてこの見解書の署名者たちは政府と国民議会に対して、キャンペーンを中止させ、キャンペーンが火だねとなってモロッコの諸都市に起こるかもしれない暴動を未然に防ぐよう要請し、キャンペーンの代表者たちの動機と真の目的を明らかにするために彼らと、彼らを裏であやつる者たちを取調べ、取調べが終り次第、適切な法的措置を講ずるべきことを要求している。

さて、フェミニズム運動家の諸要求に対するイスラーム主義者のあからさまな反撃と運動鎮圧への呼びかけは、「女性行動連合」と「モロッコ人権協会」（OMDH）からの激しい反発を引き起したが、政党も政府当局も論争に介入することを差し控え、むしろ国王自らその検討を欲していた憲法改正の方に関心が向けられていた[19]。確かに「人民勢力社会主義連合」（USFP）のフェミニズム下部組織は『ムダウワナ』改正の請願者たちと同じ心情を共有していたが、憲法改正を待つべきであるというのがこの政党の公式の立場であり、全員一致で合意されてはいない並行的な活動によって民主主義的改革の共同戦線をぶち壊すべきでないと考えられていたのである。そして「女性行動連合」の執行委員会は政党のまことしやかなこの反論に応えて、まさに人々が女性の法的に劣った地位を改善しようとしない限り真の民主主義も民主主義的改革もありえないことを主張した。

イスティクラール党について言えば、この政党は『ムダウワナ』改正のキャンペーンを自分たちの歴史的党首アッラール・アル・ファースィーに対し暗黙裡に向けられた批判として理解していた。それゆえイスティクラール党は友党である「人民勢力社会主義連合」に対し女性たちの運動に加担しないよう働きかけ、数年前にイスティクラール党の女性党員たちが、女性の地位向上を唱える支配的言説と衝突するシャリーアの規定を尊重させる趣旨で考案していた請願書を引っ張り出していた。そして「イスティクラール女性協会」(OFI)の会長であったラティーファ・ベンナニ・スミレース―ベンナニは一九九三年の議会選挙でモロッコ初の女性議員の一人となる―は党の見解を擁護し、『ムダウワナ』改正はイスティクラール党も無視しえない重要事項であるが、可能な選択肢を検討するためには様々な人々の意見を聴き、十分な研究が必要であると主張した。またイスティクラール党の古参でアル・ファースィーの同志であったアブー・バクル・アル・カーディリーはより明確に、『ムダウワナ』改正の要求は一般論ではなく個別的問題に向けられるべきこと、『ムダウワナ』の中にはクルアーンとスンナに由来することから改正不可能な法規定が存在することを明言していた。アル・カーディリーによれば、イスティクラール党の女性は女性のすべての権利を保障しているイスラームの境界を踏み出さないよう注意すべきであり、女性運動家たちの権利要求の中には是認できないイデオロギーや逸脱がみられ、イスティクラール党にはこのような誤りを正していく責任がある。

これに対し「発展社会主義党」（PPS）は女性たちの諸要求を支持したが、この要求を自分たちの下部組織である「モロッコ女性民主主義団体」を通して行うことの方を選んだ。この団体は三月八日に公にされた宣言の中で、三十年前に制定され、モロッコの女性の現状に適合せず時代遅れとなり、憲法の精神とも合致しない『ムダウワナ』を批判している。しかし「発展社会主義党」の女性たちは『ムダウワナ』改正と女性の権利擁護のための調整連絡全国委員会」に参加したものの、基本的には単独行動をとり、百万人の署名に向けてのキャンペーンは「女性行動連合」のみによって行われた。ちなみに、この連合の主要な代表者たちは一九七〇年代初頭の左翼の反体制派組織に由来する「民主主義人民行動連合」（OADP）に所属していた。この政党は数年後には合法化され議会に議員を送っている。

何ヵ月もの間、「女性行動連合」はモロッコの数多くの都市で会議や討論会を催し、キャンペーンが引き起こした反響は教育のある女性のサークルをはるかに越え、数十万人の署名が集められた。イスラーム主義者の―そして内務省の―激しい攻撃もこのことによって説明がつく。そして或る雑誌の見出しには「『ムダウワナ』を改正するのか、それともイスラームを廃止するのか。一人の妻に百人の愛人、千人の私生子、百万人の売春婦を求める左翼の女性たち」と書かれていた[20]。

しかしキャンペーンに参加し、あるいはこれを支持した女性たちは、自分たちの要求は全くもってイスラームには反しておらず、むしろイスラームの名においてそのような要求を行う権利が自分たちにあると感じていた。これは一九九〇年以来『ムダウワナ』改正を要望していた「モロッコ人権協会」の意見でもあり、当然のことながらこの団体は改正のプロジェクトを支持し、ファトワーにより市民を背教者として告発し市民に刑罰を科そうとする者たちの許されざる「知的テロリズム」を断罪した。実定法の改正を要求することは犯罪ではなくすべての市民の権利であり、改正を要求するために講演会を催し、宣言や請願を行うことは市民社会の活動に特徴的な方法である、と「モロッコ人権協会」は主張した[21]。

モロッコのフェミニズム運動家たちのキャンペーンの重要性は、それがアラブ世界における歴史上初の女性による女性のための大規模な民衆運動であったことに存する。このキャンペーンで要求されていることは、一九五六年以来チュニジアの女性たちが闘争なくして獲得していたこと以上のものではなかったが、この運動で利用された手段は過去に例をみない規模のものだった。この運動が激しい反撃を呼び起こしたのは要求されている改革のゆえというよりは、運動を鼓舞した革命の精神、それが社会全体に呼び起こそうとした討論と闘争の精神のゆえであった。イスラーム主義者や保守派の人々は運動の中にこの精神を鋭敏に感じとり、請願を行う女性たちを、彼女らが表向きに述べることではなく実際に欲していることに基いて判断したのである。女性たちの『ムダウワナ』改正の要求は、国家権力の公的言説によって市民社会の反体制的活動が抑圧されている国家においてぎりぎり許される要求だった。しかしこの要求と、この要求に対するイスラーム主義者の反発は社会のもっと深いところにある暗黙の真の闘争の一つの現われであり、このことは改正の要求の内容それ自体にではなく、要求のために用いた方法や、要求を表現するために用いた言葉の激しさ—そして要求に対する反撃の言説の激しさ—の中に認めることができる。

国王ハサン二世は誰よりもよくこの事態を理解していた。国王は一九九二年八月二〇日の演説の中で『ムダウワナ』に関する公的な討論を終結させる目的で次のように述べた。『ムダウワナ』とその適用は「信徒の指揮者」（*amir al-mu'minin*）である国王の権限と責任に属する事項であり、『ムダウワナ』改正の問題は今後の選挙運動の中に混入されてはならず、陳情者と国王との直接的な対話を通して議論されねばならない。『ムダウワナ』は宗教に属する事項であり、世俗政治に属することと宗教を混同してはならない。確かに『ムダウワナ』の適用においては男女差別や不正がみられるが、これらは国王により政治の領域の外で修正されるべきである。この点に関して国王はウラマーの意見を聞くつもりであるが、モロッコのウラマーを狂信者とみなしてはならない。・・・

国王は『ムダウワナ』改正を自分の特権に属する国王個人の問題にすることで、国家の基礎を揺るがしそうな危険な闘争を停止させようとした。国王は討論に方向付けを与えたり、討論を修正したり穏便なものにするべく介入したのではなく、端的に討論を禁止したのである。国王は自身が制定した法律によって、そして彼が長きにわたり国民の間に醸成してきた政治的合意によって、自分が神聖な人間であること、自分の管轄権に属するすべてのことにいかなる者も介入すべきでないことを国民が理解していることを知っていた。事実、ひとたび国王が語れば人々は沈黙し、国王を批判することは常に刑罰を科せられることを意味していた。政党も政治団体も敢えて国王を批判しようとはせず、多数の人々が心の中では思っていること、すなわち国王は自分に属さない権限を自分のものにしていること、立法は議会が行うべきものであること、国王は、キャンペーンが成功すればフェミニズム運動家が獲得できる成果を搾取していることなどを公に発言する者はいなかった。

しかし国王の介入はそれにとどまらなかった。ハサン二世は交渉相手を自分自身で選び、一九九二年九月二九日にモロッコの諸女性団体の代表者たちをスキラの宮殿に招いたが、この代表団にはキャンペーンにもともと参加していた「女性行動連合」のメンバーはたったの一人しか含まれておらず、これに対して王室官房と諸省からは七名の女性が代表者として参加している。これらの代表者に対して国王は、これからウラマーを招集し、女性代表者たちの報告書に含まれた論点に関するウラマーの見解を聴いた後で、幾つかの提案を女性代表者たちに提示する予定であること、そしてウラマーと女性代表者が合意に達した場合にのみ『ムダウワナ』の条文に対して必要な改正を行うことを告知した。

身分法典の改正を要求してきた人々は、十年以上も前から改正に際しては、フェミニズム団体の代表者は言うに及ばず、法律家以外に医者、人口統計学者、社会学者、家族研究の専門家も加わるべきだと主張していた。ところが国王が諮問委員会のメンバーに任命したのは公認のウラマー、政府の高官、司法大臣とイスラーム問題大臣、そして身分法の専門家でイスラーム改革主義者として著名だった一名のラバト大学法学部教授であり、国王の顧問アブデルハーディー・ブーターレブが委員会の議長を務めた[22]。委員会は数ヵ月の協議の後改正案をまとめ、それをうけて一九九三年五月にハサン二世は女性団体の代表をもう一度招集して改正案に関する意見を求めた。そして女性団体の意見を受け取った委員会は更に討議を続けた後、国王に討議の結果を提出し、国王はそれを承認した。この改正案は王令として公布されてモロッコの実定法となった。改正に向けての以上のプロセスの中心人物は国王のスポークスマンであったブーターレブであり、ブーターレブは国王の要求に従いながら協議を指導した。従って実際のところ改正の大筋は一九九二年八月二〇日の国王の演説において既に決まっていた。一九九三年は議会が休会していた時期であり、国王はこの間、立法者として行動したのである。ブーターレブによれば今回の『ムダウワナ』改正は国王一人によって成し遂げられ、マーリキー派の伝統の上に立ち、大いなるイジユティハードによって生み出されたものであった。

それではフェミニズム運動の要求はどうなったのだろうか。実際になされた改正を見ると、要求がそこに反映されているとはとても言えなかった。改正の要点は以下の五つである[23]。

（1）婚姻後見人の役割は限定された。後見人による婚姻強制は全面的に廃止され、婚姻は妻となる女性の同意なくしては締結されえず、公証人の面前で婚姻証書に署名することで成立する。父のいない成人女性（二一歳以上）は後見人なくして自ら婚姻を締結する権利を有しており、また自らの意思によりそれを婚姻後見人に委任することができる。これに対し父のいる成人女性は自分で婚姻を締結することはできない。

（2）母にはこれまで子に対する後見権が認められていなかったが、改正は父を後見人とし、父が死去したか法的能力を喪失した場合に成人の母を後見人にした。しかし母はカーディーの許可なくして未成年の財産を譲渡できない。また婚姻解消後の子の監護権については、母を第一順位とし、以下父、母方の祖母へと続く（改正以前の『ムダウワナ』はこの点父を第六順位にしていたが改正によって第二順位に引き上げられた）。母が再婚した場合、監護権は母方の祖母にではなく父に与えられる。

（3）離婚は女性たちの要求に反し裁判所の権限とされることはなく、単に規制されたにすぎない。離縁権は相変わらず夫に認められるが、妻を離縁した夫は補償として妻にムトアを支払わなければならない。

（4）ポリガミーに関しては、これを法律によって明確に禁止することはせずに、カーディーに個々の事例におけるその是非の判断を委ねている。すなわち、夫が更にもう一人の女性と婚姻しようとするとき、カーディーは妻が被る不利益を評価して新たな婚姻を承認するかしないか判断する。また、（初期のイスラーム法学者が認めていたように）妻には婚姻締結時にモノガミーの条項を付加する権利があり、夫がこれに違反したとき妻はカーディーの判断により離婚することができる。夫は第二の妻を持つことを第一の妻に報告しなければならない。

（5）カーディーが家族問題について審理する際にカーディーを補佐する家族評議会を設置し、その構成員と正確な任務を王令によって定める。

一九九三年の改正は、『ムダウワナ』改正の推進を目的とした「平等の春」（Printemps de l'Egalité）のような女性団体によって「法典の周りにただよう聖なるオーラを除去したがゆえに大いなる進歩」であると評価されはしたが[24]、『ムダウワナ』改正のキャンペーンはその主な目的のどれ一つとして達成することはできなかった。しかしこのキャンペーンを通じてモロッコ社会の内部で表面化することなくくすぶっていた対立が激しい論争となって露呈したのである。これは伝統的な家父長制が存続する一方で、西欧の個人主義的な生の様式や文化、市場経済などの流入によりモロッコ社会が変質していったことの結果だった。昔からのイスラームの伝統を固守しようとするウラマーは、女性たちの請願書の中に子に対する母の後見権が要求されていることに驚いたが、実際のところモロッコの父親たちは子に対する伝統的な権限のほとんどを既に失っていたのである。ウラマーはこのような家父長制的家族の危機の原因は立法の欠陥ではなく道徳の退廃にあると考え、教育によるイスラーム道徳の復興を国家の重要な課題と考えたが、これはとりもなおさず家父長制的道徳の化身である保守的ウラマーの権力の保持を意味していた。

他方で、女性たちの請願はモロッコにおいてはイスラームが社会的政治的活動家にとって乗り越えがたい限界であることを示している。論争はあくまでもクルアーンとハディースの正しい解釈をめぐって展開した。モロッコ独立当時、イスラームに関する論争は寛容の精神に満ちていた。すべてのモロッコ人はモロッコ人であるがゆえにイスラーム教徒とみなされ、論争の中で自分の見解を述べることができると考えられていた。ところが一九九二年に『ムダウワナ』改正のキャンペーンが行われたとき、女性たちがイスラームの名において改正を要求したにもかかわらず、保守派のウラマーはイスラームの名においてなされるこの運動を背教として、神への冒瀆として断罪し、イスラーム法の知識の独占を主張した。また、キャンペーンの挫折はモロッコの民主主義が「マフザン」の支配下で窒息していることを象徴している。被支配者には異議申し立ての権利が認められ、支配者は人民の声に耳を傾けるたてまえにはなっていても、真に重要な問題は国王が選ぶ人々により秘密裏に交渉されている。女性の法的身分については一九七九年に一度だけ、国王派の議員によって提案された『ムダウワナ』改正が議会において討議されたことがあるが、突然討議は中止してしまった。一九九二年のキャンペーンと、これを受けての『ムダウワナ』改正は、近代化されたマフザン支配の下で主張され実行されうることの限界がどこにあるかを明白に物語っている。要するに最終的な発言権を持つのは国王だった。

1　Maurice Borrmans, *Statut personnel et famille au Maghreb de 1940 à nos jours* (Paris, 1977) pp. 190-191.
2　Id., p. 189.
3　Id., pp. 176-177.
4　〈*salafiyah*〉は一九世紀末から二〇世紀初頭にかけて、イラン生まれのアル・アフガーニーやエジプトのムハンマド・アブドゥにより推進され、イスラーム世界全体に広まったイスラーム改革運動であり、〈*salafi*〉はクルアーンとスンナのみを宗教的規律の源として認める聖典本位主義者を意味する。サラフィー主義が基本的に志向したのは、伝統主義的イスラームを排し、原初のイスラーム―有徳なる祖先（*al-salaf al-ṣāliḥ*）のイスラーム―に立ち返る一方で、西欧の近代主義とイスラームを可能なかぎり調和させることにより、弱体化し西欧による支配の脅威にさらされたイスラーム社会を改革し、近代世界の中で強力な真のイスラーム社会を復興させることであった。もともと西欧による支配に対する応答として生まれたサラフィー主義は、「有徳なる祖先」の原初のイスラームへ回帰することによって西欧により支配される以前のイスラーム黄金時代を復活させることを唱える一方で、自らが拒絶しようと試みた当の現代ヨーロッパの精神と両立する仕方で聖典を再解釈しようとした。

　モロッコにおいては既に一八世紀後半から、サラフィー主義の先駆者ともいえるスルターンたちがシャリーアとスーフィー教の融合を批判し、シャリーアの純化に努めていたが、モロッコにアブドゥのサラフィー主義を導入したのは一九世紀末のアッサヌースィーであり、その後モロッコのサラフィー主義の改革運動はジャファル・アル・カッターニー、アル・ドゥッカーリー、アル・アラウィーなどにより推進されていく。通常、モロッコのサラフィー主義は、イスラームの堕落とみなされたスーフィー教やマラブー（聖者）崇拝を排撃し、イスラームを純化する運動として理解されているが、上記のモロッコのサラフィー主義者たちは同時にスーフィー教の指導者（シャイフ）ないしマラブーでもあり―アル・カッターニーはダルカーウィーヤ教団、アル・アラウィーはティジャーニーヤ教団に属していた―、モロッコでサラフィーとスーフィー（マラブー）の対立関係が現われるのは一九四〇年代になってからである。また一般的にサラフィー主義がそうであるように、モロッコのサラフィー主義も西欧文化による侵蝕からイスラームを守ろうとする一方で、彼らのイスラーム再解釈にはしばしば西欧の観念の強い影響がみられる。

　また、モロッコのサラフィーヤのイスラーム改革主義が常に西欧による支配に対抗するナショナリズム運動と手を結んだかというと、必ずしもそうではなかった。ドゥッカーリーのような初期のサラフィー主義者たちがイスラームの改革を西欧による支配にうち勝つための手段とみなしたことは確かであるが、当時のモロッコの多くのウラマーと同様、彼らは植民地主義的支配に対して特に積極的に抵抗したわけではなく、どちらかというと協力的態度をとることの方が多かった。むしろ反対に、アフマド・アル・ヒスバのようなスーフィー教のマラブーが徹底的に植民地主義に抵抗することもあったのである。ドゥッカーリーに代表されるような、西欧による支配に対し受動的なサラフィーヤの改革主義を、後のアッラール・アル・ファースィーに代表される若い世代のサラフィーのナショナリズム運動へと橋渡ししたのがアル・アラウィーである。ベルベル勅令が発布された後もアル・アラウィーはフランスの植民地主義体制において司法大臣の要職に就くなど、フランスに協力的な態度をとっていたが、一九四〇年代に入るとフランスに対するあからさまな独立運動を開始し、更にアル・アラウィーの弟子であるアッラール・アル・ファースィーにおいてサラフィーヤはモロッコ独立のためのナショナリズム運動と明白に結び付くことになる。要するにサラフィーヤとナショナリズムの結合は一九四〇年代に入ってから生じたことであり、更に一九五〇年代に入るとスーフィー教―特にティジャーニーヤ―の主だったシャイフは、スルターンとサラフィーのナショナリズム運動に対抗してフランスと協力するようになり、ここにおいてサラフィー主義＝ナショナリズムと、スーフィー教・マラブー主義＝フランス支持の対立が明確になる。モロッコのサラフィー主義については、J. Abun-Nasr, 'The Salafiyya Movement in Morocco: The Religious Bases of the Moroccan Nationalist Movement' (A. Hourani, ed., *St. Antony's Papers N.16: Middle Eastern Affaires*, N.3, 1963) pp. 90-105. Henry Munson, Jr., *Religion and Power in Morocco* (New Haven, 1993) pp. 77-114. Mohamed El Mansour, 'Salafi and Modernist in the Moroccan Nationalist Movement' (John Ruedy, ed., *Islamism and Secularism in North Africa*, London, 1994, pp. 53-71)

5 M. Borrmans, *Statut personnel*, op. cit., pp. 188-192.

6 'Abduh Muhammad (1849-1905) エジプトのイスラーム近代主義者。タクリード（伝統の固執）を批判し、イスラームの革新を説いた。注4参照。

7 チュニジアの社会主義者アル・ハッダードは一九三〇年に公刊された著書『シャリーアの中の、そして社会の中の我らが女性』（*Imra'atu-nā fī l-sharī'a wa-l-mujtama'*）の法的問題を扱った第一部において、クルアーンを正しく解釈すればポリガミー―四人以内のポリガミーも含めて―許されないこと、タラークの弊害を防止するには配偶者に裁判所への出廷を義務付け、また離縁に際してはムトアを夫に義務付けるべきことなどを主張し、真正なるイスラーム法が生活の様々な領域における男女の平等を認めていることを結論付けている。そして社会問題を扱った第二部では、父が強制的に娘を婚姻させること、婚姻適齢に達していない女性が婚姻すること、医学的な検査なしに婚姻がなされることから女性が隠れた病を持つ男性と婚姻することなど、チュニジアに広まる慣行が批判され、また女性のヴェール（ヒジャーブ）がもたらす弊害、若い女性の教育の必要性などが指摘されている。更にハッダードはこの著書の中でチュニジアのマーリキー派とハナフィー派の六名のウラマーに対して行われた12の質問から成るアンケートの結果を紹介している。(1)女性には自分の配偶者を選択する権利があるか。後見人と女性のどちらが最終的な決定権を有しているか。この質問に関しウラマーは一般論として女性に自由な選択を認めているが、その条件として女性が成年に達していることを要求している。更に六名のうち二名は、父が亡くなった場合にのみ女性に自由な選択を認め、父の存命中は、娘が成年であろうと未成年であろうと父のみが選択権を持つ―これは伝統的なマーリキー派の見解である―と回答している。(2)婚姻成就の後、夫に重大な肉体的欠陥があることが発覚したとき、妻は婚姻を解消できるか。この質問については、ウラマーはマーリキー派に従い、裁判による離婚を認めている。(3)夫が長期の不在の場合、妻には離婚を要求する権利があるか。それとも扶養が保証されている限り離婚の請求は禁止されているか。この質問についてウラマーの幾人かは、不在の性格により答えは異なり、夫の消息が全く途絶えている場合、四年以上経過すれば裁判官の判決による離婚が可能であると回答している。(4)離縁の単なる宣言は、それが発作的な激怒にかられてなされた場合であっても離縁の効果を生み出すか。それとも、このような場合は夫婦の共同生活が事実上不可能であることを考慮すべきか。これに関してはすべてのウラマーが、このような場合でも単なる宣言により離縁の効果が生ずると回答している。(5)夫は好きなときに離縁できる無際限の権利を有しており、妻にはこれに対していかなる保護も与えられていないのか。この質問に対してすべてのウラマーが、妻には夫による離縁に対していかなる法的保護も与えられていないと回答している。(6)妻は良好な夫婦生活を不可能にするような夫との性格の不一致を理由に、裁判所に離婚を請求できるか。この問題に関しては四名のウラマーがこれを否定し、二名が夫婦間の争いに決着をつけるために仲裁が義務付けられると考えている。(7)リアーンは夫にのみ認められる特権か、それとも逆に妻にも認められるか。夫にのみ認められるならば、この特権の根拠は何か。これに対してはすべてのウラマーが、女性は男性の財産（*milk*）なので、リアーンは男性の特権であると回答している。(8)婚姻締結に際して男性が妻を離縁する秘かな意図を抱くことは許されているか。このようなとき婚姻は有効か。この質問に対してウラマーは、離縁の意図が契約で明示されていなければ、婚姻締結時に離縁の意図が存在していようといまいと婚姻は完全に成立すると回答している。(9)妻は夫と平等な伴侶か、それとも夫の命令を遂行する道具のような存在であり、夫の後見に服する未成年のような存在か。妻が後者の役割を拒否するとき、夫はそれを妻に強制できるか。この問題に対しウラマーは、夫と妻は平等な権利義務を有しており、夫婦の絆が暴力や強制によることはありえないとだけ述べている。(10)婚姻した成人の女性には商取引を行うために自分の財産を処分する自由がどの程度まで認められているか。この質問に対してウラマーは、妻が自分の財産の三分の一以上を贈与するときは夫はそれを阻止すべく介入できるが、そうでなければ成人の妻は好きなように自分の財産を処分できると回答している。(11)一般的に女性に認められる社会的役割はどのようなものか。女性は礼拝のイマームやカーディーその他、家庭の外で何らかの役割を演ずることができるか。これに対してウラマーは、原則的に女性は男性と同じ権利を有するが、マーリキー派に従うと女性に相応しくない礼拝の指揮や裁判を行うことはできないと回答している。(12)女性が隠すべき体の部分はどこか。この質問に対してウラマーのうち四名は、顔や手は恥ずべき部分（*'awra*）ではなく隠す必要はないが、男性の関心を惹くために顔や手に飾りをつけることは禁止されていると回答し、一名は、女性が家族以外の者に自分の目を見せることは禁止されていると回答し、もう一名は、女性には体の全体をヴェールでおおう義務があると回答している。

　これらの回答はフィクフの諸原則と、シャリーアのハナフィー派ないしマーリキー派の解釈に忠実すぎてアル・ハッダードの意図にはそぐわないものだった。著書が刊行された後、アル・ハッダードはザイトゥーナ大学の―アル・ハッダード自身もこの大学の出身だった―保守的なウラマーの激しい反撃に会い、無神論者、異端者として告発され、教職を追われ著書は没収された。アル・ハッダードはこの措置の不正を、フランスが保護領チュニジアに送った総督に訴えたが効果なく、一九三五年に孤独のうちにこの世を去った。詳しくは、M. Borrmans, *Statut personnel*, op.cit., pp. 123-146. Id., *Documents sur la famille au Maghreb de 1940 à nos jours* (Roma, 1979) pp. 25-119 参照。

8　M. Al-Ahnaf, 'Maroc. Le Code du statut personnel' (*Maghreb-Machrek*, n°145, 1994, pp. 3-26) p.5.

9　司法大臣の法案は、成人した娘の婚姻に後見人は不必要であるというアブー・ハニーファーの解決を採用していたが、アッラール・アル・ファースィーはモロッコ社会がこのような規定にショックを受けるという理由でこれに反対し、結局、後見人は婚姻の有効性の条件とされた。

10　A. Moulay Rchid, *La condition de la femme au Maroc* (Rabat, 1985)

11 注10のムーライ・ルシドの著書に対するJ. Deprezの序文。
12 M. Kerrou, M. Kharoufi, 'Maghreb. Familles, valeurs et changements sociaux' (*Maghreb-Machrek*, n°144, 1993, pp. 26-39)は、アルジェリア、モロッコ、チュニジアで身分法が法典化された後、家族と女性の地位に関して発表された実証的諸研究を概観している。
13 「女性行動連合」（一九八七年設立）およびモロッコのフェミニズム運動についてはZakya Daoud, *Féminisme et politique au maghreb* (Paris, 1994) pp. 313-345.
14 しかし、モロッコの憲法はアルジェリアやチュニジアの憲法と異なり、国際条約が国内法に優位することを明言していない。この点についてはA. Moulay Rchid, *La femme et la loi au Maroc* (Casablanca, 1991) pp. 21-39参照。
15 Y. Linant de Bellefonds, 'Le Code de statut personnel irakien du 30 décembre 1959' (*Studia islamica*, vol. 13, 1960, pp. 79-135) pp. 129-130. またMoulay Rchid, *Condition*, op. cit., pp. 463-464参照。
16 Z. Daoud, *Féminisme*, op. cit., pp. 333-334は「賢明にもフェミニズム運動家たちは、これまで常にタブーとされてきた相続問題には触れていない」と述べている。
17 Id., p. 338. またMohamed Tozy, *Monarchie et islam politique au Maroc* (Paris, 2e ed. 1999) pp.249-251参照。
18 M. Al-Ahnaf, 'Maroc.' op. cit., p. 13.
19 憲法改正をめぐる当時の論争については、Michel Rousset, 'Maroc 1972 – 1992, une Constitution immuable ou changeante?' (*Maghreb-Machrek* n°137, 1992, pp. 15-24)
20 M. Al-Ahnaf, 'Maroc.' op. cit., p. 16.
21 Id., pp. 16-17.
22 委員会の構成メンバーはId., p. 23.
23 1993年改正後の『ムダウワナ』の要約は、Julie Combe, *La condition de la femme marocaine* (Paris, 2001) pp.31-62.
24 Marvine Howe, *Morocco, The Islamist Awaking and Other Challenges* (Oxford, 2005) p.164.

三　新家族法の制定

これより五年後、ハサン二世は一九九九年七月に死去する一年数ヵ月ほど前に、十年間にわたって追求してきた主要な政治目標を達成した。一九九八年三月、これまで野党だった穏健左派の「人民勢力社会主義連合」（USFP）の指導者アブデッラフマーン・ユースフィーを首相とする連立政権が発足し、国王指導の下、首相ユースフィーは国王と共同でモロッコを統括することになった[1]。ハサン二世にとり、改革を推進するためには政権交代がどうしても必要だった。確かにハサン二世の王権維持のための―王権打倒の急進的世俗主義勢力をなだめるために穏健な世俗主義者を政府に加わらせる―「ホメオパシー民主主義」に対してシニカルな見方をすることは容易であり、四年半の間政権の座についたこの新政権が結果的に多くのモロッコ国民の期待に応えられなかったことも確かである。しかしそれにもかかわらずモロッコの社会はこの時期を通じて次第に多元主義的で開かれた社会になっていった。これに応じて女性の身分に関する問題も再び脚光をあびることになる。

ハサン二世が死去する二年前の一九九七年、モロッコの複数のＮＧＯグループは世界銀行の代表者と会い、「女性の平等のための国際連合北京綱領」の実施について議論していた。世界銀行の代表者は、女性差別を廃止し女性を国家の発展へと統合する長期計画が全国的ネットワークを通じて準備されるべきことを指示した。モロッコの慈善事業大臣は世界銀行の支援の下、国民行動計画の中心的な優先課題を立案するために、「モロッコ女性民主主義連合」などの女性団体や人権団体そして政府のメンバーから成る研修会を一九九八年二月に発足させた[2]。そしてこの一年後に政権交代により首相となったアブデッラフマーン・ユースフィーは教育、失業、汚職と並んで女性の平等を政府が取り組むべき四つの優先課題の一つとして挙げていた。

モロッコ政府が世界銀行と協力して発足させた研修会の目的は、国の発展を担う女性の役割を明確にし、女性の―特に地方の地域の女性の―社会的経済的地位向上のための政策を推奨することである。女性の文盲率の高さ、出産による女性の死亡率の高さといった問題以外に、女性人権団体の要求、特に『ムダウワナ』改正も検討の対象として取り上げられた。その後、新政権のリベラルな改革派は、かつての共産党である「進歩社会主義党」（Parti du Progrès et du Socialisme）（PPS）のメンバーで「社会・家族・子供問題」担当大臣サイード・サアーディ指導の下、モロッコの女性運動団体や人権団体と共同して、社会の発展に女性を参加させ、貧困と戦うための総合的計画を発案し、この計画の中には家族法の改正―特にポリガミーと離縁―も含まれており、サアーディは、一九九三年の改正はあまりに限定されており、特にチュニジアとシリアの家族法を参考にしながらイジュティハードによって『ムダウワナ』を大幅に改正していく必要がある、と発言している。そして計画は先ず『ムダウワナ』の関係箇所を改正したうえで、その後第二段階として、シャリーアの専門家、社会学者、法学者、心理学者、公衆衛生の専門医からなる委員会の審議を経たうえで新法を制定するものとされていた。そして一九九九年三月に首相ユースフィーは「女性を発展へと統合するための国民行動計画」（Plan d'Action National pour l'Intégration de la Femme au Développement）（PANIFD）を政府に提示した。この「計画」の優先事項は（一）女性の教育を充実させ、特に文盲をなくすこと、（二）女性と子供の健康を促進すること、（三）社会の経済的発展を推進し、貧困と戦うために女性を経済活動へと参加させること、（四）法的政治的その他公的な制度における女性の身分を向上させることであった。そして（四）の中には『ムダウワナ』の改正も含まれており、改正はすべての社会階級の女性にとって極めて重要な事項として言及されている。というのも現行の身分法は、人口の半分を占める女性に対しあらゆる形態の公的生活に参加することを阻んでいるからである。それゆえこの「計画」に対する公の注目は、七年前の百万人署名キャンペーンと同じ要求へと集中していった。すなわち一つは女性の永久後見を廃止することであり―法定成人年齢（二一歳）に達した女性は男性の許可を必要とせずに婚姻したり仕事に就いたりすることができる―、更に一九九三年にモロッコが批准した「子供の権利条約」（CRC）に従って女性の婚姻の最低年齢を一五歳から一八歳に引き上げること、特別な場合を除きポリガミーを廃止すること―夫は最初の妻が同意し、裁判官の許可があってはじめて第二の妻と婚姻することができる―、タラークを廃止し、離婚の権利を男女平等にし、離婚を裁判所の判断に服さしめること、婚姻解消を判決した裁判官は、婚姻中に獲得された財産の分割についても判決し、この財産の半分を妻に与えなければならないこと、婚姻解消の後、母は娘と息子が一五歳になるまで監護権を有すること―一九九三年改正の『ムダウワナ』は、息子は一二歳になったとき、母と父と他の親戚のうち誰と生活するかを選択でき、娘は一五歳になったらこの選択権を持つと定めていた―、再婚した母は子に対する監護権を失うことなく、先妻が再婚しても先夫は子を先妻から取り上げることはできないこと―子にとり、父の第二の妻より母の第二の夫の方がより良い養い親たりうるからである―などである。しかしこの「計画」の中で要求されていることの中には相続法の改正は含まれていなかった―『ムダウワナ』はクルアーンの定めに従って女性が相続できる財産は兄弟の半分と規定している―。

問題が決着したと判断した首相は「計画」を立法化するための公式な委員会を設置した。ところが最初の攻撃は政府内部からのものだった。連立政権内部の左派〈USFP〉と〈PPS〉は当初から「計画」を支持し、第三の政党であるイスティクラール党は、アッラール・アル・ファースィーのサラフィー主義に忠実に、宗教的問題については保守的立場をとっていたことから「計画」に対してはより慎重な立場をとっていたが、「計画」について正確な情報を常に手にしていた「フブス（*hubs*）とイスラーム問題」担当大臣アラウィー・ムダグリが家族法のいかなる改正にも反対であることを公然と宣言したのである。一九九八年に新政府が生まれたとき、ハサン二世はモロッコ国民の宗教生活の監督にとって本質的に重要なこの大臣職を国王の直接的な配下に置き、ムダグリは―内務大臣ドリス・バスリとともに―保守勢力の代表として政府の中に留まっていた。もともと国王が内務大臣と「フブスとイスラーム問題」担当大臣を置いた目的は、王権の宗教的正当性を批判しかねないイスラーム主義運動を監視することにあったが、今回は後者の大臣が「計画」の反イスラーム的世俗主義を非難したのである。

一九九二年のときと同様に、宗教的保守派の返答は断固として否定的なものだった。ムダグリはウラマーから成る委員会に、「計画」で提唱されている家族制度改革についてウラマーとしての所見を報告するよう要請した。これに応じてウラマーは、イスラーム法を解釈する権限はウラマーのみに属し、裁判官や法律家、医学者や心理学者はウラマーに議論の素材を提供できるだけであると主張し、「計画」が西欧の価値観を模倣した世俗主義の産物であり、退廃的な西欧社会が抱える諸問題をモロッコに持ち込むものであること、現今の家族法問題は一部の国民の無知と道徳の欠如が生み出したものであること、これらの問題はシャリーアに従った措置によって解消されるべきであることを主張した。そしてウラマーは、女性は感情的であり、自ら適確な判断を下すことができず、男性によって教導されなければならないとも述べている。これに対して「計画」の支持者たちはウラマーの報告は大臣ムダグリ自身の見解を述べたものであると主張し大臣を批判したが、この批判に対してムダグリは、自分はウラマーに報告を要請し、報告を首相に提出しただけでウラマーの委員会には参加していないと返答し、ただ政府は「計画」を提示する前にウラマーの意見を聞くべきであったと述べている。しかし、ムダグリ自身も「計画」

で提案されているすべての改革に反対していたことは明らかであり、大臣は女性団体に対しイスラームに立ち返るように勧告していた[3]。

一九九九年五月、モロッコ・ウラマー同盟は「計画」の家族制度改革を批判する声明を公にし、「計画」がイスラーム法学を中傷しイスラームの存続をあやうくすること、家族問題に不正に介入することによって男性に婚姻を思いとどまらせ、売春を助長し、道徳の退廃をもたらすことを主張し、事前に政府がウラマーの意見を聞かなかったことに憤怒した。ウラマーによれば、家族法の改正は聖典およびウラマーによるイジュティハードを基礎として、「信徒の指揮者」たる国王によって試みられるべきものであった[4]。

言うまでもなくウラマーの主張は「フブスとイスラーム問題」担当大臣によって支持された。これに対して自由主義的な政治家やジャーナリストはムダグリと保守的なウラマーに反発し、イスラームには聖職者は存在しないこと、いかなる集団も聖典を解釈する排他的権利を有しておらず、あらゆるイスラーム教徒にイジュティハードの権利があること、神と個々のイスラーム教徒の間にはいかなる仲介者も存在しないこと、保守的なウラマーの声明はモロッコ社会への威嚇であり、内戦を惹き起こしかねないこと、『ムダウワナ』は人間の手になるテキストであり、常に新しい解釈と修正の余地があることを主張した。女性人権団体も同じような仕方で反撃し、ウラマーにはイスラームを解釈する排他的権利がないこと、ムダグリの見解はモロッコ憲法に違反しており、政府、「信徒の指揮者」である国王、市民社会は共同で立法に関する決定を下すことができることを主張した。そして一九九九年七月には四十一の団体と数多くの私人が結束し、家族法改正の政府提案を支持するネットワークを形成することになる。

ネットワーク側からは次のような所見も述べられていた。「女性団体とウラマーの間に対決の状況を生み出すつもりはなく、ただ社会における女性の地位の問題が万人に関わることを理解してもらいたいだけである。ネットワークの形成を思い立ったのもこのためであり、このネットワークは、国の社会的、文化的、経済的発展の中に女性を十分に統合させるような新しく、近代的な社会プロジェクトを構築するために、できるだけ多くの組織と個人を包み込みたいという気持から発したものである[5]。」

今回の論争が一九九二年と異なる点は、イスラーム主義者たちが公然と論争の当事者として登場し、『ムダウワナ』改正に反対してキャンペーンを行ったことである。一九九〇年代後半からイスラーム主義者たちは、社会の自由主義化が進むにつれてそれだけいっそう活発に政治的社会的運動に参加できるようになっていた。かくしてモロッコのリベラルな左翼陣営からの『ムダウワナ』改正の呼びかけが盛んになるにつれ、これと並行して、主に都市下層階級と大学キャンパスを中心に改正反対のイスラーム主義者の運動も同様に勢いを増していった。既に一九九七年、イスラーム主義者を主たるメンバーとする合法的政党「立憲民主主義人民運動」（MPDC）は議会選挙で十議席を獲得し、その一年後「正義発展党」（PJD）と名称を変更して、やがて二〇〇二年の選挙では三百二十五議席のうち四十二議席を獲得することになる。PJDは王権を支持したことから、そのメンバーは「国王のイスラーム主義者」とよばれていた。この政党の指導者アブデルクリム・アル・ハティブは『ムダウワナ』改正をめぐる闘争は信者と背教者の間の戦争であると主張し、提案された改正に反対する態度を明白に表明していた。

さて、一九九九年七月にハサン二世が逝去したことで「計画」をめぐる論争は一時沈静した。新国王ムハンマド六世は即位のときから女性の身分向上を自分が取り組むべき主要な課題とみなしており、国王に即位した直後の八月二〇日の演説で次のように述べている。女性は我々の社会の半数を占めているにもかかわらず、彼女たちの利益は目に見えない仕方で害されている。我々の聖なる宗教が彼女たちに与えてきた諸権利は考慮されていない。これらの権利は彼女たちの高貴な使命に呼応するものであり、科学や仕事の分野において、彼女たちが男性と十分に競争できる教育的、経済的レヴェルに達しているにもかかわらず、その犠牲になってしまうかもしれないあらゆる不安と暴力から彼女たちを正当に守るものである[6]。

国王の言葉に励まされ、二百のボランティア組織から成る女性団体ネットワークは数多くの公的集会を開き、特に報道界に対して「計画」の長所を説明した。また女性たちは「計画」に対して公に賛意を表明していた幾つかの著名なイスラームの権威と会合している。国王の顧問であるアブデルハーディ・ブーターレブはイスラームが「刷新と改革のメッセージ」であったことを指摘し、イスラームが男女の平等を唱えていることを示すクルアーンの諸節を引用している。そして「確かに鳥が飛ぶためには二つの羽が必要である」というブーターレブの言葉は、一九九九年九月のモロッコの新聞で大々的に取り上げられた。女性団体ネットワークは待ちに待った『ムダウワナ』改正が実現すると信じていた。しかし彼女たちは敵対者たるイスラーム主義者の力と頑固さを過小評価していたのである[7]。

一九九九年一一月、**PJD** 党首アブデルクリム・アル・ハティブ、アブダッラーフ・ベンキラーンなど **PJD** の党員、そしてアル・ハティブにより指導され、**PJD** と同盟した「統一改革運動」（*Harakat al-tawḥīd wa'l-iṣlāḥ*）は「モロッコの家族を守るための国民委員会」を結成し[8]、家族を助成し保護する別の計画の立案をイスラームの専門家に要請した。言うまでもなくこれは政府による『ムダウワナ』改正に対抗するためである。立案を要請された専門家には首相ユースフィーの社会主義政党に属する二名の著名な政治家も加わった。その上、主要な保守政党であるイスティクラール党の何人かの指導者も、女性たちの「計画」がイスラーム法に反しているならば「計画」を支持することはできないと明言していた。「モロッコの家族を守るための国民委員会」に集まった保守派の人々は政府の「計画」を新植民地主義として批判し、「計画」が世界銀行によって経済的に支援されていることを理由に、『ムダウワナ』改正を十字軍になぞらえ、すべてのイスラーム教徒にはこの文化的侵略に抵抗する義務があり、『ムダウワナ』改正に対してはジハードによって応答することさえ可能である、と主張した。

二〇〇〇年一月、家族法改正をめぐる論争に、これまで秘密組織だったアブダッサラーム・ヤースィーンの「正義慈善団体」(*Jamāʻat al-ʻadl wa'l-iḥsān*)が加わることになった[9]。一九七四年にヤースィーン師はハサン二世に対し不正に得た富を放棄し世俗的な生活様式を改めるよういさめたことで弾圧にあい、自宅軟禁状態にあったが、一九九〇年代末に政府の政策が表現の自由を認める方向へと転換していったとき、やがて自分が自由の身になることを予期していた。ヤースィーンは新国王ムハンマド六世に対しても、私有財産を国家の負債の返済にあてること、父親が国民から盗んだ金を国家に返却することで父親の罪を償うこと、自ら善きイスラーム教徒として振舞うこと、国家にとって有害な父親の取巻き連中を解任すべきことなどを忠言している。ヤースィーン率いる「正義慈善団体」のスポークスマンは、「計画」の家族制度改革に関して、国家にはもっと重要で切迫した問題があるにもかかわらず、何故家族法問題でもって政府がモロッコ国民を混乱させるのか理由が分からないこと、ポリガミーは、ほとんどの夫が一人の妻しか持てない現状において大した問題ではないこと、家族法について論争している人々は、―政治犯の釈放、ヤースィーン師の自宅軟禁の解除、他の政治団体と同じ市民的自由が自分たちの団体にも認められることなど―真に重要な問題からモロッコ国民の関心をそらそうとしていると述べている。「正義慈善団体」は〈*shūrā*〉（協議）の原則に基づく一種のイスラーム共和国を志向し、王権を支持する **PJD** より多くの支持者を持つ組織であることから、王権と他の諸政党にとって危険な組織であった。

ヤースィーンの忠言に対する若き国王ムハンマド六世の反応は父親のハサン二世とは異なっていた。ムハンマド六世は自分が言論の自由を認める民主主義者であることを世に示そうとした。二〇〇〇年五月、ヤースィーンの自宅軟禁は解除され、七月に「正義慈善団体」の政治支部設立が宣言された。ヤースィーン師自身は家族法改正問題を特に重要なものと考えていなかったが、ヤースィーンの娘でスポークスマンであるナディア・ヤースィーンは **PJD** の立場を支持し「計画」に抗議した。ナディアによれば、「計画」を提案しているエリートたちはモロッコ社会の中で完全に孤立した人々であり、「計画」は、北の先進国が南の発展途上国に押しつける文化的帝国主義の産物であり、モロッコの社会と文化に害を加えることを意図したものである。他方、ナディアによれば『ムダウワナ』は聖なるテキストではなく過去の暴政の産物であり、無数の女性がこの法律のせいで不正を被ってきた。従ってそれは全面的に修正する必要がある。というのもイスラームの家族法は、イジュティハードによってこれを現代社会の要求に適合させていくことが可能だからである。ナディアは個々の問題、例えばポリガミーについては、それは神が定めた制度であるが、女性は婚姻契約に一定の条件を付加することで夫の権利を制限できること、タラークは既にクルアーンの諸規定がこれを厳しく限定していること、そして婚姻最低年齢に関しては政府がこれを決めることができることを指摘し、また家族法改正における国王の役割については、国王に介入を要請することは「常軌を逸した」ことだと発言している[10]。また或るインタビューに答えてナディアは「計画」についておよそ次のように述べている。『ムダウワナ』は不正であり改正されるべきである。従って「計画」を拒否することは誰にとっても困難であり、これを拒否する人は反動的と思われるだろう。しかし北京綱領を前提とし、世界銀行がスポンサーになっているこの「計画」はグローバルな戦略的枠組の中で生まれたものであり、イスラーム諸国の家族を核家族へと解体させようとする西欧の企ての一部と考えられる[11]。

これらイスラーム主義者たちの反論に対し、「計画」の支持者も激しく応答した。「計画」を支持する或るジャーナリストは「少数派の反啓蒙主義者」たちを非難し、次のように書いている[12]。政府の提案はモロッコ女性が現実に抱える諸問題の周到な分析の産物であり、それはイスラームと普遍的原理に基礎を置いている。「計画」に反対する人々は、発展と進歩、貧しい人々の生活条件の改善に反対しているわけであるが、その理由が分からない。実際のところ、「計画」に反対する人々は自分たちの経済的特権を護ろうとしているのである。彼らの戦略はかつての植民地主義者と同様、宗教を利用して進歩的諸勢力を攻撃し、モロッコを後進国のままにしておくことにある。彼らは「マフィア類似の」集団や腐敗した特権階級、更には外国の敵対的グループとつながりのある者たちである。民主主義者たちは一致団結してこの「モロッコ・ターリバンの反啓蒙主義の群団」に対抗しなければならない。彼らの偽りの告発や宗教に関する嘘言は「国民的対話」を危険に陥れている。・・・

また別の左翼系日刊紙はアラウィー・ムダグリと、「計画」に抗議するウラマーの見解を論駁した論文を掲載した。そこには次のように述べられている。ウラマーは〈*fitna*〉（暴動）が起きないように自分たちの学識を立法権に従属させなければならない。自分たち自身が立法者になろうとするウラマーの野心は、「信徒の指揮者」を擁するモロッコのマーリキー派の伝統には全くみられなかったことである。ムダグリと**PJD**が唱道しているのはシーア派の〈*wilāyat al-faqīh*〉（法学者の権力）の制度であるが、モロッコにおいては、かつてマーリキー派の法学者がムワッヒド朝の見解を否定して〈***wilāyat al-umma***〉（イスラーム共同体の権力）の制度を採用して以来、立法権を保持するのは法学者ではなく国民全体である。また、政府の提案は、聖なる法の解釈は公共の利益（*al-maṣlaḥa*）を促進するものでなければならないというマーリキー派の見解に合致したものである。・・・また、「計画」を擁護するために、より客観的な立場から書かれたものとして、「女性の権利のための民主主義連盟」（**LDDF**）の論文を挙げることができる[13]。この論文によれば、モロッコの家族構造が変化したことにより、『ムダウワナ』に示されているイスラーム法解釈はイジュティハードに基づいて修正されねばならない。『ムダウワナ』はイスラーム法学が衰退期にあった時期に生まれたものであり、未だ慣習法と深く結びついている。平等は外来の理念ではなく、西洋で一般に受け入れられるようになったはるか以前からイスラームによって主張されていた。・・・

二〇〇〇年三月、ラバトとカサブランカで二つの大規模なデモ行進が行われた。「国際女性記念日」を祝う三月八日のラバトでのデモは四万から五万の人々が参加し、女性団体や人権団体、リベラル派の政治団体や政党によって組織され、政府―そして世界銀行―が提唱する「女性を発展へと統合するための国民行動計画」を支持した。当時の「計画」支持者の数はモロッコ全土で五十万から百万と推定されている。これに対して当該「計画」に反対するカサブランカでのデモは、「モロッコの家族を守るために」という標語の下に、イスラーム主義諸団体（PJDや「正義慈善団体」、「統一改革運動」、そして行進の三日前にイスティクラール党も参加を決定した）の後援の下に行われ、参加者の数はラバトのデモの約三倍であった。このデモで女性の参加者を導いたのはナディア・ヤースィーンだった。この二つのデモは、ここ十年間でモロッコがより多元的で、より開かれた社会へと発展したことを象徴する画期的な出来事だった。事実、一九九〇年代を特徴付けているのは政治的自由化の推進と表現の自由の拡大であり、国家と個人の中間に位置する公的領域に多様な自主的組織が生まれ、市民社会が次第に形成されていったことである[14]。モロッコのイスラーム主義運動も、―それが目指す目標はリベラルな市民社会の理念とは矛盾するものであったが―このような政治的自由化の波の中で成長していった。従ってモロッコ国王は、リベラルな政治勢力と結束した女性人権運動と、台頭するイスラーム主義運動その他の保守勢力の間の仲裁者として困難な選択をせまられることになった。

二〇〇〇年の二つの対抗し合うデモは、民主主義を唱道する者から見れば市民社会拡張のための闘いにおける画期的出来事であったが、「計画」（PANIFD）に関して言えば、政府はこれに反対するイスラーム主義者たちの声が次第に大きくなるにつれて尻込みし、沈黙してしまった。女性たちのネットワークはこれに苛立ちを覚え、カサブランカの医学部、薬学部など大学の女性研究者たちのグループは「計画」の活性化を要求する公開状を首相に提出した。これらの女性たちは、国家の発展に女性を統合すると首相が宣言したときモロッコのすべての女性が首相に希望を託したこと、それにもかかわらず新しい立法の実施がどこにも述べられていないことに不安を感じていると報告している。しかし、首相のユースフィーは政府の「計画」に対する次第に激しくなる反撃と、イスラーム主義者たちのストリート・パワーに対し危惧の念を表明し、「我々は内戦を望まない」と述べ、「我々はもっと慎重でなければならず、説得をもって問題を解決しなければならない」と答えた[15]。また女性人権運動の現実主義的な指導者も、政府の「計画」のうち教育や健康、経済に関連した異論のない計画のみを受け容れ、家族法改正は先延ばしにした方がよいと主張するようになった。これに対して他の女性たちはユースフィーの政府が「計画」を棚上げにしたことを非難した。二〇〇〇年七月、三十六の女性運動団体と人権団体は、公約に違背して女性の権利を犠牲に供したとして政府を非難する宣言書を公にした。この宣言でモロッコの諸NGOは、ユースフィー指導の内閣がモロッコ独立以来、女性たちの望みを最も叶えてくれる状況を作りあげてくれたことを強調し、政府には目的を達成するために必要な政治的勇気があるのかと問いただしている。女性団体は言うまでもなく女性の解放に賛意を表明していたムハンマド六世の介入を期待したことだろう。国王はモロッコの至高の宗教的支配者であり、家族法改正という宗教的事項について最終的な決定権を有しているからである。しかし、進歩的な国王もイスラーム法が関係してくる問題に対しては極めて慎重に対処する必要があり、国家を分裂させている問題に対し国王が裁断を下すことはかえって危険なことに思われた。

二〇〇〇年九月、内閣改造が行われた。これは女性団体からすると悪しき前兆であった。〈PPS〉のメンバーで「社会・家族・子供問題」担当大臣だった「計画」の中心的推進者サイード・サアーディが内閣からはずされ—サアーディはいわば政府内部のイスラーム主義者のために犠牲に供されたかたちになっていた—、首相はこれまで長きにわたって女性運動家たちが要求してきた「女性の状況」省を創設し、〈USFP〉のメンバーでサアーディに比べより穏健な立場をとるヌズハ・シェクルーニを大臣に任命した。しかし、この「女性の状況」省は、保守的なイスティクラール党の指導者で「計画」のラディカルな家族法改正を批判していたアッバース・アル・ファースィーを大臣とする「社会問題」省の統率下に置かれたのである。このような政府内の動きに対して一部の女性活動家は「顔を平手打ち」されたような感覚を抱き、そのような動きを「計画」が棚上げにされたことの徴として理解した[16]。

一九九九年から二〇〇〇年にかけて、家族法改正を支持する人々と拒否する人々が激しい論争を繰り広げていく中、ヤースィーン師の追従者たちを除き両陣営に属するすべての人々が、自分たちの見解を擁護すべく国王が介入してくれるだろうと期待していた。モロッコの伝統主義者や穏健なイスラーム主義者によれば、国王だけがウラマーと協議の後、シャリーアに合致した家族法を変更する権限を有している。イスラーム法学者は信仰の守護者であるのみならず、神法を実施する政治権力の保持者であるという―一九七九年イスラーム革命後のイランで支配的な―シーア派の〈*wilāyat al-faqīh*〉の思想は、モロッコでは伝統的なマーリキー派の見解と王制に反するものとして退けられた。モロッコにおいてイジュティハードを行使できるのは国王だけであり、従って、家族法を改正する権限を持つのも「信徒の指揮者」たる国王だけであるというのが一般に支持された見解であった。伝統主義者やイスラーム主義者だけでなく改革派も国王の介入に期待していた。「計画」の立案者―特にサイード・サアーディ―は当初自分たちの手によって家族法を改正しようと試みたが、改革をめぐる論争を通じて改革派も国王の介入を期待するようになっていた。これに対しムハンマド六世は長い間、イスラーム主義者や伝統主義者の主張に返答することも、政府や近代主義者の訴えに応答することも控えていた。イスラーム主義者、伝統主義者、近代主義者がいずれも国王が自分たち自身のイスラーム法解釈を擁護してくれることを期待する一方で、当面のところ国王にとって唯一可能な選択肢は、何もしないでもう少し状況を見守ることだった。

しかしデモの一年後、「計画」は再び政治的アジェンダの中に登場することになる。ハサン二世の後継者として一九九九年七月に即位したムハンマド六世は既に述べたように女性たちの要求に対し早くから賛意を表明していた。二〇〇一年の春、ムハンマド六世は幾つかの女性運動団体の代表者とラバトの王宮で会合を持ち、後者は『ムダウワナ』改正の努力を続けるよう要請する覚え書を国王に手渡した。その後国王は最高裁判所の保守的な裁判長ドリス・ダッハクが議長をつとめる十六名の国王委員会を設立し、モロッコ人民のアイデンティティーを形成している不可変の諸価値と、普遍的人権観念によって表現されている現代社会の精神を両立させることに努めながら問題を検討し、適正な改正案を提案するよう要請した。ムハンマド六世は委員会設置のスピーチの中で自分が「信徒の指揮者」であることを確認し、改正が『ムダウワナ』の既存のテキストとの連続性を保ちながら、シャリーアに基づいて為されるべきことを主張した。しかし国王は、家族の聖なる価値とモロッコの伝統の尊重を強調する一方で人権にも言及している。

委員会には保守派とリベラル派の女性三名—最高裁判所判事一名と大学教授二名—がメンバーとして含まれており、進歩的なアーリム・アフメド・ハムリシを含む何人かのウラマーと大学教授や役人がこれに加わったが、女性運動団体の代表者は含まれていなかった。女性運動家たちは、数名を除いて委員会のほとんどすべてのメンバーが「計画」の反対者であることに驚愕した。しかし彼女たちは国王が自分たちから離れてしまうことを恐れて委員会の構成について異議を唱えることは差し控えたのである。これに対してイスラーム主義者が国王委員会を歓迎したことは言うまでもない。イスラーム主義者は国王に対し、自分たちにも『ムダウワナ』を現代精神と両立させる用意があることを示すために、離婚手続の簡素化のようなマイナーな改正には同意した。イスラーム主義のＮＧＯである「女性意識刷新機構」のリーダー、バッスィーマ・ハッカーウィーは、ポリガミーと離縁を廃止するどのような試みも『ムダウワナ』自体の廃止を意味すると警告した。ポリガミーを擁護しながらハッカーウィーは、ポリガミーは最初の妻に家族を保持することを可能にする一方で、第二の妻の尊厳と、二人の妻と子供たちに対する夫の責任を保障すると説明している。ハッカーウィーにとって『ムダウワナ』をめぐり今行われている論争は、シャリーアを尊重する者たちと、国際条約がイスラームの法源と抵触する場合には国際条約の方を採る者たちの闘いであった[17]。

女性団体ネットワークの指導的グループであった「モロッコ女性民主主義連合」は国王委員会と協力することを決定し、「連合」が改正を希望している『ムダウワナ』の法規定を委員会に提示した。「連合」の創設者であったムズハ・スカッリは、男女平等は普遍的人権の一部であって、いかなる意味においてもイスラームの規則と抵触するものではないと主張し、婚姻年齢を一八歳に引き上げ、男性の後見制度とポリガミー、そして離縁を廃止することは婚姻制度をより確固としたものにし、いかなる不利益ももたらさないと主張した。

改革主義とイスラーム主義の両陣営は、国王委員会が相対立する見解を両立させるデリケートな使命を追求できるように、デモの一時停止を宣言した。しかし「モロッコ女性民主主義連合」は、モロッコが一九九三年に差別禁止の国際連合条約を批准したにもかかわらず、モロッコ女性が刑法による差別の犠牲になっている―例えば姦通している妻を現行犯で捕えて殺した夫は一年から五年の禁固刑が科せられるにすぎないのに対し、既婚の女性が夫の許可なく暴力的な夫のもとから逃げたとき、女性をかくまった者は誰であれ五年の禁固が科せられる―ことを立証する研究を公刊し、委員会に圧力をかけた[18]。

従って一見すると一九九〇年代初期のシナリオがもう一度繰り返されるように思われ、委員会は提案を先延ばしにするか、せいぜい些細な改正しか提案しないのではと思われたが、他方、状況が十年前の百万人署名キャンペーンのときと異なっていることも確かであり、今回は前回と比べてはるかに大幅な改正案が提示される可能性もあった。二〇〇一年六月以降、委員会は政党の代表者や女性団体と何度も会合を重ねていた。しかし、女性人権団体の活動家たちは委員会がいっこうに結論を出さず、委員会でどのような議論がなされているかについて何も告げ知らされていないことに苛立ちを覚えていた。委員会は法を改正するためではなく、単に論争をなだめるために設立されたのではないか、といぶかる人々もいた。このような状況の中で、一〇月には「平等の春」とよばれる女性人権組織が設立されている。

二〇〇一年一一月、ムハンマド六世は委員長のドリス・ダッハクと作業部会を設け、委員会の議論の進捗状況を確認したうえで、改めて二つの目的―すなわち『ムダウワナ』の改正と、家族法の適用をより実効的なものにするための司法改革―を設定し、目的を達成するように委員会を励ました。更に二〇〇二年三月にも国王はダッハクや司法大臣、宗教問題担当大臣らと第二回作業部会を設け裁判所に家族問題を扱う特別部門を設立することを宣言し、家族法改正の草案を二〇〇二年末までに提出するよう委員会に命じた。このとき国王は、父親のハサン二世が一九九三年に採った方法を踏襲することを望まなかった。すなわち、ハサン二世が議会の解散中に国王として立法権を行使し、自分に忠実な何人かのウラマーとともに新しい家族法の内容を決定してしまう方法を採ったのに対し、ムハンマド六世は、「信徒の指揮者」として家族法改正において自ら決定的な役割を演じながらも、議会で草案が審議されることを望んだのである。他方で、今や多くのモロッコ国民にとり重要な法律が議会での立法過程を経ずに制定されることなど受け容れ難いことと思われていた。

委員会が何の結論も出せないまま国王が指定した最終期限の二〇〇二年末が過ぎた。そこで国王は二〇〇三年一月に、ダッハクに代えて元外務大臣でイスティクラール党の書記長だったムハンマド・ブセッタを委員長に任命した。そしてブセッタは任務を引き継いで二ヵ月経った三月に、数ヵ月後には委員会の仕事が終了すること、そして委員会としては現行法の改正ではなく新法の制定を推奨するつもりであることを公言した。興味深いことに、委員会は改革の射程範囲が限定された案と、大幅な改革を実施する案の二つを国王に推奨すべく用意していたといわれている。

さて、二〇〇三年五月一六日、『ムダウワナ』改正をめぐる動向に大きな影響を及ぼすことになる事件が起こった。カサブランカでイスラーム過激派による一連の爆弾テロがあり、三十七名が犠牲者となり死亡した[19]。このテロは一部の人々が「モロッコの九・一一事件」とよんだほど大きな衝撃を人々に与えた。ムハンマド六世が真に積極的に『ムダウワナ』改正に取り組み始めたのはこのときである。イスラーム過激派の新たな脅威を目の当たりにして多くの人々が思ったことは、国王と体制派の政治家にはムスリム世界で最も保守的な身分法典の一つである『ムダウワナ』を大幅に改正する勇気があるかということだった。国王委員会は既に二年半にわたり内密に法典の改正を検討していたが、カサブランカのテロの後、二〇〇三年の夏になっても―ブセッタが三月に公言したようにはいかず―膠着状態が続いていた。これに苛立ちを覚えた国王は委員会に対し九月までには報告書をまとめて提出するよう命じた。この当時世間では、委員会が五月一六日事件でこれまでの立場を変え、男女平等に対する女性たちの要求を積極的に認める方向で改正を検討しているとのうわさが広まっていた。他方、イスラーム主義者の日刊紙〈*Attajdid*〉は、反イスラーム勢力がカサブランカのテロ攻撃を利用して、モロッコのイスラーム的アイデンティティーを危険に陥れるような身分法改正を企てようとしていると非難し、一部のモスクの前ではイスラーム主義者のデモ隊が、反家族的で反イスラーム的な「悪魔の企て」として『ムダウワナ』改正を非難した。しかし今回は、体制側の政治家たちが正義発展党（PJD）やその他イスラーム主義の闘士たちの主張に以前ほど耳を傾けることはなかった。カサブランカのテロの後、モロッコの主流のイスラーム主義運動は退却していた。そして多くの人々が驚いたことに国王委員会は断固として『ムダウワナ』改正の立場を堅持したのである。

国王はイスラーム過激派に対抗する社会ビジョンを推進するために、遅延していた『ムダウワナ』改正の早期実現を決断し、ブセッタ委員会によって提出された二つの案のうち大幅な改革を実施する案の採用を決定した。そして二〇〇三年一〇月、国王はモロッコ議会に『ムダウワナ』に代る新しい近代的な家族法を制定する計画を正式に提示した。国王は議会での演説において、新法は「子供の権利を保護し、男性の尊厳を保障することに加えて、女性がこれまで被ってきた不正から女性を解放することを目的としている[20]」と述べ、「人間の尊厳、平等そして調和のとれた諸関係を唱えるイスラームの寛容な諸目的」を実現することが新法制定の理由であることを明言すると同時に、マーリキー派に依然として依拠している新家族法が、イスラームをあらゆる時代と場所に適合した宗教にしてきたイジュティハードの産物であることを指摘している。そして国王は新法の要旨を説明する際に絶えずクルアーンの諸節とシャリーアの解釈を参照し、新法で実現されている改革がクルアーンとシャリーアに合致していることを強調した[21]。

国王が説明する主な改正点は以下のとおりである[22]。（一）夫と妻は家族に対して共同の責任を負う。（二）裁判官によって決定されるべき特別な場合は別として、婚姻の最低年齢は男女ともに一八歳であり、また、両親が離婚した場合、男女ともに一五歳で監護権者を選択できる。成人女性に対する後見を全面的に廃止する。（三）シャリーアの制度の中で近代法と両立させるのが最も困難なポリガミーについては、神はポリガミーを許したが、イスラームの視点からみてこれをほぼ不可能なものにしたのであり、新法はポリガミーに厳格な条件を課している。ポリガミーが認められるには最初の妻の明白な合意と裁判官の許可が必要である。また（既に『ムダウワナ』に規定されていたことであるが）女性は婚姻契約にポリガミーを禁止する条項を付加することができる。（四）外国在住のモロッコ国民が婚姻契約を締結し登録する手続が簡素化された。（五）離婚に対する女性の権利が拡張され、夫が婚姻契約に規定された諸条件のうちどれか一つでも遵守しないとき、あるいは経済的援助を怠ったり、妻と性交渉を持たなかったり、暴力その他不正な行動によって妻に害を加え、夫婦の共同生活を不可能にするような不和（シカーク）が生じたとき、妻は裁判所に離婚を要求できる。逆に夫の離縁権は制限されることになった。あらゆる離婚手続は裁判所の監督の下で行われる。離婚は、夫が妻や子に必要な金銭を支払うまでは登録されない。合意による離婚も認められ、裁判所の監督に服する。（六）夫婦は婚姻中に獲得された共有財産の分割について合意することができる。(七)子供の権利を保護する国際条約は既にモロッコにより批准されており、この条約の諸規定は新法の中に組み入れられる。離婚後の監護に対する一五歳以下の子供の権利は、監護を先ず母に委ね、その後で父、そして母方の祖母へと委ねることによって保障される。監護を委ねられる者がいないときは、裁判官が子の利益のみを顧慮して監護権者を子の近親の中から選ぶ。また、離婚した母が再婚しても、子が七歳以下の場合など、幾つかの条件が満たされれば母の監護権が取り上げられることはない。(八)結婚が登録されていないときでも、子には自分の父を正式に認めてもらう権利がある。(九)イジュティハードの原則に従って、娘の娘と息子(被相続人の娘方の孫娘と孫息子)にも、息子の子供たちと同様に、祖父を相続する権利が認められる。

『ムダウワナ』をめぐる十年間にわたる論争で明白となった意見の対立を調和させようと試みながらムハンマド六世は、提案された改革は対立しあう意見の一方の勝利ではなく、すべてのモロッコ人にとっての利益とみなされなければならないと述べた後、詳細な法案がやがて議会に提出されることを告知し、『ムダウワナ』やその改正がかつて議会に負託されるようなことはなかったことを指摘している。更に国王は、法案に示されている新法を完璧なものと考えてはならず、議会はこの法案が現時点のモロッコにとって相応しいイジュティハード―賢明で漸次的な、しかし断固とした仕方で発展の目標を達成しようと試みるイジュティハード―の努力の産物であることを念頭に置きながら、法案の規定を現実主義と明確な視野をもって検討しなければならないと述べている。しかしこれと同時に国王は自分が至高の権威であることをすべての人々に想起させ、自分の法案がモロッコ国民の一部分ないし特定の党派のためのものではなく、国王の家族といってよいモロッコ国民の総意を反映させようと努めたことを強調している[23]。

ムハンマド六世の演説は大いなる歓呼をもって議員たちに迎えられた。モロッコの或るリベラルな週刊誌は国王の演説を「ビッグバン」と形容している[24]。またベルベル人の文化団体を含むリベラルな諸勢力は国王の演説に勇気付けられ、演説を自分たちのより多元的で開かれた社会のビジョンに合致したものと考えた。これに対して保守派やイスラーム主義者たちは演説についてどのような意見を抱いていようと、それを批判することは差し控えた。国王が語ったことだからである。二〇〇四年一月、議会はリベラル派と保守派によって提案された多数の修正案を議論した後、結局のところ法案をそのままのかたちで承認した[25]。

かくして改正案は議会において圧倒的多数で承認されたが、その内容は数年前に保守派によって激しく批判されたユースフィー内閣の改正法案と類似しており、ただ今回の法案は注意深くイスラーム法が参照されている点が異なっていた。イスラーム主義政党である「正義発展党」はかつて『ムダウワナ』改正が検討され始めたときこれに反対したが、今回の改正を女性と家族の利益を促進する先駆的な計画として支持し、また「正義慈善団体」も団体内の女性メンバーからの圧力によってこれまでの立場を変え改正に賛成した。五月一六日のテロ事件以後、状況は明らかに変化していたのである。イスラーム主義者は自分たちが寛容な穏健派であることをしきりに強調した。改正された家族法は女性人権運動家たちにより、—ポリガミーと離縁が全面的に廃止されるには至らなかったが—自分たちが長年にわたり要求してきたことをほぼ実現するものとして熱狂的に受け入れられ、改正を要求する運動の先頭に立ってきた「平等の春」の指導者レイラ・リウィも新しい法典を女性にとっての勝利と評価した。しかし夫には依然として妻を離縁し、扶助料を支払うことなく離婚する権利が認められていることから女性の戦いは未だ終わっていないこと、特に改正された法規定が裁判官によって実際に適用されるか見守る必要のあることが指摘された。そして「これまで家父長制の下で何年も法適用に従事してきた裁判官が突然進歩的で公正になることを本当に期待できるだろうか。」とリウィは述べている。しかし他方で或るコラムニストは「ムハンマド六世はいわば一つの革命を開始したのであり、今回の改正はこれからの長い道のりの出発点である。これからも後戻りや中断があり、黙示的明示的な反発に出会うだろうが、女性の発展に寄与し、あらゆる種類の狂信に対して身を守ることのできるより平等主義的で正しく、調和のとれた社会が最終的に生まれることは避けられないだろう。」と述べている[26]。

またムハンマド六世の改革に対しては欧州連合やアラブ世界の女性の大学教員その他の団体から称賛の言葉が送られ、当時のアメリカ合衆国大統領ブッシュも「責任を果せる勇気ある指導者」として国王を歓呼し、当時モロッコを訪問していたフランスの大統領シラクも新しい家族法典を民主主義への道程における注目すべき展開とよんでいる[27]。

上記の演説で国王は新法を実施するためには近代的な家庭裁判所の設立が必要であること、そのためには裁判官や弁護士を養成する必要のあることを認めていた。家庭裁判所の設立と法律家の養成があってはじめて新法は実効ある仕方で適用されうるからである。翌年、これを実現するための第一歩が踏み出された。しかし、これと並行して法律家や一般人の伝統的な道徳意識を変えていく必要があるだろう。例えば、未婚の母が売春婦とさほど変わらないものと考えられている限り、子供に実父確定の権利を認める法規定を実施することは容易ではないだろう。事実、新家族法の制定後、多くの男性の裁判官がこれを実際に適用することを拒否しているといわれており、地方の六つの地域の女性を対象とした近年のアンケートによると、八七パーセントの女性が新家族法について何も知らないということである[28]。そしてまた家族法改正に対するイスラーム主義運動や保守層の激しい反対は、モロッコ社会のかなり多くの階層が、「近代」というレッテルが貼られたすべてを脅威と感じている事実を例証している。変革を支持する人々は不道徳なだけでなく西欧の帝国主義者やシオニストや国際組織のために働く「裏切り者」として非難されかねない。例えば一九九九年の「計画」(PANIFD)の中心的な立役者であり、「社会・家族・子供問題」担当大臣だったサイード・サアーディは「神の敵」、「国際的シオニズムの手先」の烙印を押されていた[29]。

既に述べたように、一九五〇年代後半における『ムダウワナ』の制定は政治的社会的現状を保持しようとする国王をはじめとする政治的エリートの戦略の一部であった。しかし二〇世紀の最後の十年間と二一世紀の最初の数年に生じたモロッコの社会的経済的変化は、変革を支持する新たな社会層を生み出すような、過去にはなかった政治的ダイナミクスを発生させた。すなわち、改革推進派のエリートと国内外のＮＧＯや諸組織との連携は新しいタイプのダイナミクスを生み出し、女性の身分は最も重要な国民的関心事の一つとみなされるようになった。言うまでもなくこのような事態は、モロッコにおける市民社会の形成と密接に関連している[30]。対立しあう様々な社会的勢力が国家の統制から解き放たれて自己主張し、これら諸勢力の言説が国家の、そして最終的には国王の政治的決定に影響を及ぼすようになったのである。モロッコにおけるイスラーム主義の台頭も市民社会の形成と切り離すことはできず、既に指摘したように、これは市民社会の形成が必ずしも常に西欧型の民主主義の発展と結びつくとは限らないことを示している。そして市民社会の発展を目の当たりにしてモロッコ国王と政府がとった態度は、許容される多元主義を状況に応じて拡大させたり縮小させたりすることにより社会の諸変化をコントロールしていくことだった。二〇〇三年五月一六日のカサブランカ爆弾テロ事件直後の政府によるイスラーム主義者弾圧と、この弾圧を司法権濫用として非難する人権団体の抗議、そしてこれに続く『ムダウワナ』廃止と新家族法制定は政府のジグザグなアプローチを示している。新家族法の制定は、政府がイスラーム主義の勢力拡大の機先を制し、王権に対する世俗主義的自由主義的勢力の忠節を確保するために制定されたと理解することができるだろう[31]。

女性の身分がモロッコの公的言説の中心的問題の一つとなり、女性たちが公的領域において積極的な活動を展開するようになると、イスラーム主義者も自らの言説の枠組を変化させ、女性の必要を充たすために自分たちは活動していると主張するようになった。例えば離婚手続を容易なものにし、女性の文盲をなくし、女性の教育を推進することなどである。これはしばしばイスラーム的フェミニズムといわれている。イスラーム的フェミニズムの代表者の一人である既述のナディア・ヤースィーンは『ムダウワナ』改正をめぐる論争において、『ムダウワナ』が聖なるテキストではなく専制的政治体制―女性の権利が十分に配慮される正しいイスラーム体制によってとって代わられるべき体制―の所産であることを強調している[32]。しかしモロッコのイスラーム主義は一枚岩ではなく、例えば「正義発展党」のリーダーであるアブダッラーフ・ベンキラーンは『ムダウワナ』を擁護し、「計画」の基礎にあるのは反宗教的イデオロギーであり、『ムダウワナ』に対する不合理な攻撃もこのイデオロギーに由来すると主張していた。しかしいずれにしても、国王が『ムダウワナ』に代えて新家族法の制定を決定したからには、問題が公の討議の対象となることはもはやなかった。

さて、『ムダウワナ』改正の論争において世俗主義者からイスラーム主義者に至るまで、すべての人々が援用したのが「イジュティハード」である。もしイジュティハードが理性（*'aql*）と個人的な判断（*ra'y*）に基づく私的な知的営みであるとすれば、これはウラマーの排他的特権ではなくなり、すべての人々に開かれたものとなるだろう。トルコのケマル・アタチュルクのような国民的指導者を欠くモロッコの世俗主義者は伝統的な支配的秩序に真っ向から異議を唱えることを避けた。それゆえ「女性を発展へと統合するための国民行動計画」は「イジュティハード」と「マカースィド」（適正な意図・目標）に基づく批判的で革新的なイスラームの法的伝統に立ち戻る必要性を強調した[33]。このアプローチはこれより一世紀前のイスラーム改革運動の最初の波―この波は一九三〇年代と一九四〇年代にマグレブに押しよせてきた―を想い起こさせる。アッラール・アル・ファースィーのように、新世代の改革主義者たちはイスラームを近代世界と調和させようと試み、発展という観念がイスラームの諸原理自体から実際に導き出されることを示そうと腐心した。しかし、「計画」の立案者や支持者たちは、どちらかというと現実の対話の中でイスラームの法源からどのようなことが導き出されるかを問うというよりは、自分たちの本質的に近代的で世俗的なプロジェクトを宗教的に正当化することの方に関心があったように思われる。イスラームのテキスト自体の根本的な再解釈によって民主主義と女性の権利を基礎付けようとする試みはむしろ例外的であった。そしてイスラーム主義者や、政府内の保守主義者や保守政党のメンバーなどにとってもイジュティハードを持ち出すことは、改革を遅らせたり、論争を全面的に方向転換させたりするための操作手段となりえたのである。世俗主義的改革派と宗教的保守派と並んでモロッコ国王も自分が推進する政治的アジェンダに適合した、イジュティハードに基づく改革の必要性を絶えず強調していた。ムハンマド六世の二〇〇三年一〇月の演説も、新家族法をイスラーム法原理の中に基礎付けている。

ムハンマド六世の演説は、女性の身分に関する問題をも含めて、モロッコ社会の変革において王権が演じた重要な役割を例証している。国王は、抑制された変革を推進しながら社会的平和を維持するために近代化の言説を選択的に利用することで、社会的対立の最終的な仲裁者としての役割を演じたのである。このことは一九九三年預言者ムハンマドの誕生日八月三〇日にハサン二世がカサブランカのハサン二世モスクの奉納式に際して一人の女性に行わせたことに顕著に示されている。ハサン二世は式に参集した政府高官と国営テレビの視聴者を前にして、これまで男性しか身につけたことのない白いローブとフードを身につけた女性にクルアーンの説法を委任した。ここでは、政治文化の伝統的要素と近代化要素を混合させながら自らの政治権力を維持し、強化し、行使する国王の多層の戦略が女性の身分を向上させる政策において象徴的に表現されている[34]。

王位に就いて最初の四年間、ムハンマド六世は女性の身分の問題に対しては父親と同じ二元的アプローチを踏襲した。すなわち、イスラーム主義勢力が急進化し社会が両極化することを防ぐためにウラマーなど保守勢力と共同で行動する必要性を自覚する一方で、急進的な世俗主義を抑圧しながら穏健な世俗主義者を政府に加え、自分が女性の身分を向上させ女性を啓発し陶冶する近代化政策にコミットしていることを絶えず強調していた。「この社会の半数を占める女性たちが権利を否定されているとき、我々はいかにして社会の進歩や発展について語ることができるだろうか。我々の真の宗教であるイスラームは女性に諸権利を与えているのに、これらの権利は尊重されていない。女性は男性と平等なのである」と国王は述べている[35]。

ムハンマド六世が即位して三年後の二〇〇二年九月の議会選挙において三百二十五議席のうち一〇パーセントが女性に割り当てられたことは、これより何年か前に論争の対象となった「女性を発展へと統合するための国民行動計画」で推奨されていた事項の一つが―この計画では三三パーセントが要求されていた―実現に向けて一歩踏み出したことを意味した。一九九三年と一九九七年の議会選挙では二名の女性しか議員にならなかったことを考えると、これは男女平等に向かっての明白な進歩であり、しかも二〇〇二年選挙後に生まれた新政府には三名の女性の大臣がメンバーとして含まれていた。しかし、二〇〇二年の時点では、更なる変革への兆しはみられたものの、変革の射程範囲とタイミングは未だ予測がつかなかった。しかし二〇〇三年一〇月のムハンマド六世による「ビッグバン」は女性の権利に関する議論のパラメーターを根本的に変化させ、これ以降、問題は立法の領域から法の適用へと移行していった。女性の身分をめぐる闘争は今後もモロッコの政治的社会的経済的発展のなりゆきに影響を及ぼすと同時に影響を及ぼされることだろう。いずれにしてもムハンマド六世による新家族法の制定はモロッコにおける女性の権利と男女平等をめぐる闘争の歴史の中で、更なる発展の可能性を秘めた画期的な出来事だった[36]。

1 イスラーム主義政党「立憲民主主義人民運動」（Movement Populaire Démocratique Constitutionnel）が議会に代表者を送り込んだのもこのときである。このイスラーム政党は後に名称を変更して「正義発展党」（Parti de la Justice et du Développement）（PJD）となる。〈l'alternance〉として知られるこの政治的状況の変化は国王の命令によって生じた。James N. Sater, *Civil Society and Political Change in Morocco* (London, 2007) pp. 85-88. M. Howe, *Morocco, The Islamist Awaking and Other Challenges* (Oxford, 2005) pp. 230-236 参照。一九九六年、国王のイニシャティヴにより憲法が改正された。議会の下院は、これまでの三分の二に代えて全議員が国民によって直接選挙され、上院は特別の選挙人団により選挙される。下院の最有力の政党が内閣を形成する。大臣は首相によって任命されるが、国王により直接任命される大臣―いわゆる〈ministres de la souveraineté〉―もおり、憲法には規定されていないが、司法大臣、外務大臣、内務大臣、国防大臣、宗教問題担当大臣がこれに該当する。

2 M. Howe, *Morocco*, op. cit., p. 165.

3 Léon Buskens, 'Recent debates on family law reform in Morocco: Islamic law as politics in an emerging public sphere' (*Islamic Law and Society*, vol. 10, 2003, pp. 70-131) p. 91. J. N. Sater, *Civil Society*, op. cit., pp. 131-133.

4 〈*amīr al-mu'minīn*〉というタイトルがはじめて帰せられたのは二代目カリフのウマルといわれており、モロッコではムワッヒド朝の初代スルターン（一二世紀）といわれている。元来モロッコのスルターンは世襲制ではなく、その権力の正当性の根拠は、部族の指導者やウラマーなど人民の代表者がスルターンを承認し、スルターンに忠誠を誓う一種の不文の契約（bay'a）にあった。またスルターンは立法権も裁判権も持たず、行政権のみを行使できた。モロッコにおいてこのタイトルが神権政治を含意するようになったのは、「緑の行進」（Marche Verte）によって西サハラをスペインから奪回したハサン二世においてである。Omar Bendouron, 'La monarchie théocratique au Maroc' (*Revue de droit international et de droit comparé*, tome 64, 1987, pp. 88-108)

5 J. N. Sater, *Civil Society*, op. cit., p. 132.

6 Id., p. 134.

7 M. Howe, *Morocco*, op. cit., p. 166.

8 L. Buskens, 'Recent debates', op. cit., p. 9.

9 M. Tozy, *Monarchie et islam politique au Maroc* (Paris, 2e ed. 1999) p. 185.

10 L. Buskens, 'Recent debates', op. cit., p. 100.

11 M. Howe, *Morocco*, op. cit., p. 167. ナディア・ヤースィーンにインタビューしたハウィーは、「計画」がモロッコの女性団体組織が立案したこと、北京綱領は西欧諸国の圧力で生まれたものでないことを指摘し、西欧がイスラーム諸国の家族に関し謀略を講じている証拠は何かと質問したが、ナディア・ヤースィーンは何も答えなかったといわれている。

12 L. Buskens, 'Recent debates', op. cit., p. 101.

13 Id., p. 102.

14 モロッコにおける市民社会の形成と限界については Azzedine Layachi, *State, Society and Democracy in Morocco: The Limits of Associative Life* (Washington, DC. 1998)

15 M. Howe, *Morocco*, op. cit., p. 167.

16 Id., p. 168.

17 Id., p. 169.

18 Ibid.

19 カサブランカ郊外のスラム街に住む十二名の二〇歳台の青年がカサブランカのユダヤ人施設、レストラン、ホテルなどに対し同時多発自爆テロを敢行した。青年たちは〈*Salafiya Jihadia*〉とよばれるイスラーム過激派組織に属していた。五月二五日には百万人以上もの人々がカサブランカをデモ行進しイスラーム過激派を非難した。このとき穏健派のイスラーム主義政党「正義発展党」は、「民主主義社会を守る」ためのデモ行進への参加を拒否されたといわれている。八月司法大臣は二名のフランス人と一名のイギリス人を含む一〇四二人の容疑者が逮捕されたことを発表し、その中の二名はアル・カーイダに所属していた。「正義発展党」と、より急進的な「正義慈善団体」はテロを非難し、自分たちが過激派とは一線を画することをしきりに強調した。テロ事件を機にイスラーム主義勢力の弱体化が予想されたが、九月の地方選挙の結果は、「正義発展党」が支持者を失うことなく依然として有力であることを示していた。

20 B. Maddy-Weitzman, 'Women, Islam, and the Moroccan State: The Struggle over the Personal Status Law' (*Middle East Journal*, vol. 59, 2005, pp. 393-410) p. 404.

21 Ibid.

22 新家族法の解説とテキストは M-C Foblets, J-Y Carlier, *Le code marocain de la famille* (Bruxelles, 2005) アラビア語のテキスト(pp. 311-387)とともにフランス語訳とオランダ語訳が掲載されている。また、E. Rude-Antoine, 'Le mariage et le divorce dans le Code marocain de la famille. Le nouveau droit à l'égalité entre l'homme et la famme' (*Droit et Cultures*, tome 59, 2010, pp. 43-57) pp. 47-57.

23 B. Maddy-Weitzman, 'Women, Islam, and the Moroccan State', op. cit., p. 406.

24 Ibid.

25『ムダウワナ』制定から二〇〇四年の新家族法制定へと至る歴史的流れを概観した有益な論文として、Oriana Wuerth, 'The Reform of the Moudawana: The Role of Women's Civil Society Organizations in Changing the Personal Status Code in Morocco' (*Hawwa: journal of women of the Middle East and the Islamic world*, vol. 3, 2005, pp. 309-333)および J. L. Mateo Dieste, 'Demonstrating Islam: the Conflict of Text and the *Mudawwana* Reform in Morocco' (*The Muslim World*, vol. 99, 2009, pp. 134-154)参照。そして新家族法制定過程において議会が王権により完全にコントロールされていたことについては、Omar Brouksy, 'Le processus d'adoption de la *Moudawana*, entre la prééminence du roi et la lassitude du Parlement' (*Annuaire de l'Afrique du Nord*, tome 41, 2003, pp. 235-242) また H.El Ghissassi, *Regard sur le Maroc de Mohammed VI* (Neuilly-sur-Seine, 2006) p. 139.

26 M. Howe, *Morocco*, op. cit., pp. 348-349.

27 Id., p. 349.

28 Fatima Sadiqi, 'The Central Role of the Family Law in the Moroccan Feminist Movement' (*British Journal of Middle Eastern Studies*, vol. 35, 2008, pp. 325-337) p. 336.

29 B. Maddy-Weitzman, 'Women, Islam, and the Moroccan State', op. cit., pp. 406-407.

30 A. Layachi, *State, Society and Democracy*, op. cit. および J. N. Sater, *Civil Society*, op. cit.

31 B. Maddy-Weitzman, 'Women, Islam, and the Moroccan State', op. cit., p. 407. 家族法のリベラルな改正が非民主主義的な手段により達成されたこと、モロッコにおける市民社会の形成が逆説的に権威主義体制を強化したことについては F. Cavatorta, E. Dalmasso, 'Liberal outcomes through undemocratic means: the reform of the Code de statut personnel in Morocco' (*Journal of Modern African Studies*, vol. 47, 2009, pp. 487-506) 或るモロッコ人は、新家族法が女性後見制度を廃止したように、国王は「モロッコ国民に自分たち自身で選択し後見を終らせる自由を与える」べきだと述べている。(p. 504)

32 B. Maddy-Weitzman, 'Women, Islam, and the Moroccan State', op. cit., p. 408.

33 Ibid.

34 M. E. Combs-Schilling, 'Performing Monarchy, Staging Nation' (R. Bourqia, S. G. Miller, eds., *In the Shadow of the Sultan*, Cambridge, Mass., 1999, pp. 176-214) pp. 197-198. 預言者ムハンマドの子孫（シャリーフ）であるサアド朝とアラウィー朝のスルターンはムハンマドの誕生日である八月三〇日に祝典を催し、これに参加する男性はスルターンとともに白いローブとフードを身につけた。

35 B. Maddy-Weitzman, 'Women, Islam, and the Moroccan State', op. cit., p. 409.

36 Janine A. Clark, Amy E. Young, 'Islamism and Family Law Reform in Morocco and Jordan' (*Mediterranean Politics*, vol. 13, 2008, pp. 333-352)は、モロッコと同じく二〇〇四年にヨルダンで家族法改正案が下院に提出されたとき、他の野党と連携したイスラーム主義政党が改正案を拒否し—上院は改正案に賛成した—国王主導の人権委員会による家族法改正が挫折した理由をモロッコと比較しながら次のように説明している。モロッコとヨルダンは、預言者ムハンマドの子孫であり「信徒の指揮者」として世俗的権威のみならず霊的権威をも有する国王と、霊的権威は持たないが預言者ムハンマドと同じクライシュ族の血筋をひくハーシム家の国王、強力な父を継いだ若い国王ムハンマド六世とアブドゥッラー二世、立憲君主制、下院の選挙制と多数政党制、国民の大多数がムスリムであること、アメリカ合衆国およびイスラエルとの国交、有力なイスラーム主義政党の存在—ヨルダンはイスラーム同胞団のイスラーム行動戦線（IAF）、モロッコは正義発展党（PJD）—など類似点が多いにもかかわらず、なぜ同じ二〇〇四年にモロッコのイスラーム主義勢力は家族法改正に賛成し、—ヨルダンの家族法改正がモロッコのそれと比べ、より限定的なものであったにもかかわらず—ヨルダンのイスラーム主義政党はこれに反対したのだろうか。この理由として次の点が指摘されている。(一)モロッコでは二〇〇三年カサブランカのテロ事件以後、イスラーム主義が守勢にまわり、国王や人権派に対し宥和的な態度をとるようなったのに対し、ヨルダンではフセイン国王がイスラエルと和平協定を結んで以来、政治的自由の制限やメディアの規制を通じイスラーム主義者に対する取締りが強化され、この状況がアブドゥッラー二世のもとにおいても続き、二〇〇三年に家族法改正案が議会に提出されたときも、王権とイスラーム主義者の間に強い対立関係が存在していた。(二)モロッコでは、特にハサン二世の〈l'alternance〉政策により一九九〇年代末にUSFPをはじめとして左派政党が躍進し、これら左派政党が王党派やイスティクラール党と連携してイスラーム主義政党に対抗した。そしてモロッコにおいては左派政党と人権団体の結び付きが強く、ムハンマド六世による家族法改正がこれら団体の協力のもとに実行されたのに対し、ヨルダンでは左派政党の力が弱く、下院の多数議席は部族社会を基盤とした諸政党とイスラーム主義政党により占められており、それゆえ部族と同盟した強力なイスラーム主義者たちに対抗して家族法改正を国王とともに推進していく政治的な力がヨルダンの人権運動には欠けていた。

(三)ヨルダン国王が議会に改正案を提示したとき、改正の正当化根拠は、ヨルダンの法律を国際人権条約に合致させ、ヨルダンを国際社会のメンバーにすることに置かれ、国王の言説が西欧的な男女平等と女性の人権を前面に押し出したことから、イスラーム主義政党と部族諸政党は改正をヨルダンの家族と社会に悪しき影響を及ぼす反イスラーム的な試みとして非難した。これに対してモロッコ国王の議会における言説は国際人権条約には言及せず、「私は神が許したことを禁止することも、神が禁止したことを許すこともできない」という国王の言葉が示すように、改正案をもっぱらシャリーアのみによって正当化した。モロッコでは、一九九九年に左派政権の「計画」が提示した改正案が西欧の人権観念に基づいたものであるという理由で保守的ウラマーやイスラーム主義者の猛烈な反対にあい挫折した経験をふまえて、国王は賢明にも国際人権条約を引き合いに出すことを控え、イスラームのみに準拠することにより改正案を説明し正当化した。それゆえ、国王の改正案をイスラーム主義者も人権団体もともに自分たちの主張の勝利と感じ、議会は圧倒的多数で改正案に賛成したのである。

訳者あとがき

本書は François-Paul Blanc, *Le droit musulman* (2e éd. Paris, Dalloz, 2007)の邦訳であり、付録として訳者の小論「モロッコ家族法の変遷」が付け加えられている。フランソワ-ポール・ブラン(1938-)はペルピニャン大学法学部名誉教授であり、マグレブ地方の法、特にモロッコ現代法のフランスを代表する研究者の一人である。ここで邦訳されたブランの著書はダローズ社の法学入門シリーズ〈Connaissance du droit〉の中の一つとして刊行された。フランス語で書かれた標準的なイスラーム法の解説書としてルイ・ミリオの大著『イスラーム法研究序説』(Louis Milliot, *Introduction à l'étude du droit musulman*, Paris, Sirey, 1953)が挙げられるが、ブランは一九八七年にミリオの『序説』の第二版が刊行されたときに共著者となっている。ブランの本書はミリオの『序説』の家族法の部分を圧縮し、コンパクトな文庫本にしたものであり、一九九五年に初版が公刊され、その後モロッコ家族法の改正に伴い、この点に関するごく簡単な記述を付加し、旧版を加筆修正した第二版が二〇〇七年に刊行された。本訳書はこの第二版を翻訳したものである。

ブランはマグレブの法史と実定法の研究にとって重要な雑誌《Revue Franco-Maghrébine de Droit》(1993-)の中心的な編集者であり、二〇一一年にはブランの教えを受けた数多くの弟子が寄稿した二巻から成る大部な記念論文集(*Mélanges offerts au doyen François-Paul Blanc*, Institut français de droit comparé et de droit musulman, Perpignan, Toulouse, 2011)が出版されている。

本訳書は立教大学法学研究科の大学院生たちとの読書会を通じて生まれたものである。本文中の『コーラン』の引用は井筒俊彦訳『コーラン』上・中・下（岩波書店　二〇〇四年）によった。本訳書の出版に関しては木鐸社の坂口節子氏と栗村卓生氏に大変お世話になった。出版を快く引き受けて下さった両氏の御厚情に感謝の意を表したい。

訳者

二〇一五年五月

索引　※**太字**は特に詳しい記述

ア行

カ行

サ行

タ行

ナ行

ハ行

マ行

ヤ・ラ・ワ行

参考文献

Benel M.-A., *Essai sur les successions musulmanes selon les quatre rites orthodoxes*, thèse droit, Paris, 1977.

Blachère R., *Introduction au Coran*, 2e éd., Paris, 1959.

Blanc F.-P., ≪Les nafaqât al-aqârib dans les droits d'Afrique du Nord≫, *Mélanges offerts à André Colomer*, Paris, 1993.

Blanc F.-P.(dir.), *Islam et droit*, Toulouse, 2004.

Bleuchot H., *Droit musulman*, t. 1: *Histoire*, Aix-en-Provence, 2000; t. 2: *Fondements, culte, droit public et mixte*, Aix-en-Provence, 2002.

Borrmans M., ≪Le droit de garde (ḥaḍāna) et son évolution récente en Tunisie≫, *Revue de l'institut des Belles Lettres Arabes*, Tunis, no 118-119, 1967, pp. 191-226.

Borrmans M., *Statut personnel au Maghreb de 1940 à nos jours*, Paris La Haye, 1977.

Chehata Ch., *Théorie générale de l'incapacité en droit musulman*, Cours de Doctrat, Paris, 1966-1967.

Colomer A., *Droit musulman*, t. 1, Rabat-Paris, 1963.

Durand B., *Droit musulman. Droit successoral*, Paris 1991.

El Bokhari, *Les traditions islamiques*, trad. O. Houdas et W. Marcais, Paris, 1903-1908, 4 vol.

Foblets M.-C. et Carlier J.-Y., *Le Code marocain de la famille. Incidences au regard du droit international privé en Europe*, Bruxelles, 2005.

Gardet L., *La cité musulmane. Vie sociale et politique*, 4e éd., Paris, 1981.

Gast M. (dir.), *Hériter en pays musulman*, Paris, 1987.

Gaudefroy-Demonbynes M., *Les institutions musulmanes*, Paris, 1946.

Linant de Bellefonds Y., *Traité de droit musulman comparé*, t. II, Paris, 1965; t. III, Paris, 1973.

Massignon L., *Opera minora*, Paris, 1969, 3 vol.

Milliot L., Blanc F.-P., *Introduction à l'étude du droit musulman*, Paris, 2001.

Moulay R'chid A., *La condition de la femme au Maroc*, Rabat, Éd. de la Faculté sc. jur. écon. et pol. de Rabat-Agdal, 1985.

Pesle O., *La tutelle dans le* Chra *et dans les législations nord-africaines*, Casablanca, 1945.

Safai H., *La protection des incapables. Étude comparative du droit musulman classique et des législations modernes des pays islamiques*, thèse droit, Paris, 1965.

Santillana D., *Istituzioni di diritto musulmano malichita*, Rome, 1926, 2 vol.

Sarehane F., ≪Le nouveau Code marocain de la famille≫, *Gazette du Palais*, sept. 2004, pp. 2-17.

Schacht J., *The origins of Muhammadan jurisprudence*, Oxford, 1950.

Schacht J., *An introduction to Islamic Law*, Oxford, 1964, trad. P. Kempf et A. M. Turki, Paris, 1983.

Snouck-Hurgronje G., *Le droit musulman*, Batavia, 1896 trad. Van Gennep, dans *Revue d'histore des religions*, t. XXXV111, n° 1- 2.

Stefani G., *Les successions* ab intestat *et testamentaires en droit français comparé au droit égyptien*, Le Caire, 1951, 2 vol.

訳者紹介
小林　公（こばやし　いさお）
1945年　横浜市生まれ
1967年　東京大学法学部卒業
現　在　立教大学法学部名誉教授
著　書　『合理的選択と契約』（弘文堂 1991年）
『法哲学』（木鐸社 2009年）
訳　書　D．ゴティエ『合意による道徳』（木鐸社 1999年）
E．H．カントーロヴィチ『王の二つの身体』（平凡社 1992年、筑摩書房 2003年）その他

宮澤愛子（みやざわ　あいこ）
1939年　名古屋市生まれ
2002年　立教大学大学院法学研究科博士後期課程修了（比較法専攻）
2013年まで 成蹊大学法学部非常勤講師（国際私法担当）
論　文　「国際相続法に関する一考察 －1998年相続準拠法条約の成立とその意義－」
（立教大学院法学研究14号 1994年）
「The Foreign Tort Claims in Australian Conflict of Laws」
（立教大学院法学研究16号 1996年）

松﨑和子（まつざき　かずこ）
1950年　東京都生まれ
2002年　立教大学大学院法学研究科博士前期課程修了（比較法専攻）
論　文　「ローマ法における仲裁に関する一考察」（修士論文2002年）

イスラーム家族法入門

2015年9月20日第1版第1刷印刷発行 ©

訳者との了解により検印省略

著者　F.-P. ブラン
訳者　小林公・宮澤愛子・松﨑和子
発行者　坂口節子
発行所　（有）木鐸社（ぼくたくしゃ）
印刷　互恵印刷　　製本　吉澤製本

〒112-0002　東京都文京区小石川5-11-15-302
Tel.（03）3814-4195
Fax（03）3814-4196
振替　00100-5-126746
URL http://www.bokutakusha.com/

乱丁・落丁本はお取替えいたします

ISBN978-4-8332-2488-8 C3032